頻率對了，愛情不請自來！

提升愛情能量的62個心靈處方

Mophael
李天民——著

前言　穿越愛情的迷思　8

Part 1 觀望　21

如何知道自己需不需要愛情？　23
不夠美、身材不夠好，會有人愛上我嗎？　30
我還不了解愛情，怎麼去愛？　34
我該先愛自己，還是別人？　39
我想愛的人不愛我，怎麼辦？　42
怎麼愛，才不會受傷？　46
愛，要怎麼開始？　50

Part 2 祈求　53

如何才能吸引真命天子？ 55
如何提高振動頻率，招來桃花？ 59
我可以列出真命天子的條件嗎？ 64
有什麼辦法能讓理想情人快點出現？ 69
幸福感情，到底何時才出現？ 73
如何確定我要什麼樣的感情？ 77
他，是不是我的靈魂伴侶？ 80
王子公主從此幸福快樂？ 82
對方適不適合我？ 85
他，對我有意思嗎？ 87
愛情占卜，準確嗎？ 92
如何運用愛情占卜？ 94

Part 3

挑戰 99

如何知道對方真正要的是什麼？ 101
如何有效溝通？ 104
怎麼幫助對方？ 107
在感情中該如何展現自信？ 110
犧牲奉獻不是愛？ 113
以對方為生活重心，是感情自殺？ 116
感情一定要轟轟烈烈，才是真愛？ 118
何謂相信、信任？ 120
什麼是真愛？迷戀及投射又是什麼？ 123
我，該跟他分手嗎？ 126
不愛了、沒感覺了？ 129

父母反對我和他交往，該怎麼辦？ 130
他劈腿了，我怎麼辦？ 133
遠距離戀情，行得通嗎？ 137
是他變了？還是我變了？ 140
我不是處女，他會看不起我嗎？ 144
真愛，就是以結婚為前提交往？ 146
婚前性行為，不好嗎？ 148
我，可以用吸引法則改變他嗎？ 149

Part 4 療癒 153

如何面對分手的心痛？ 155
該不該挽回舊愛？ 159
一個人面對孤單？ 168

如何療癒感情的傷口？ 171
療癒內心小孩，能與幸福感情共振？ 175
父母婚姻痛苦悲慘，我能得到幸福嗎？ 177
怎麼才算走出並放下感情的傷痛？ 181
從小三變成正宮？ 186
我，該和分手的他，繼續做朋友嗎？ 188
療傷最好的方法，就是再談一場戀愛？ 191
時間，是最好的療癒工具？ 195

Part 5 **心靈** 199

靈性美女，就是不食人間煙火？ 201
透過網路、夜店，不可能找到理想情人？ 204

放下執著？ 207
真正的愛自己？ 210
世界上有完美感情嗎？ 214
真愛，是你天生的權利？ 219
真正原諒傷害我們的伴侶？ 224
將感情交託給上主？ 228
埋怨對方，就是背叛自己？ 230
擔心沒有魅力又想談戀愛，該怎麼辦？ 234
男人不壞，女人不愛？女人不乖，男人不娶？ 239
用性換取愛？用性控制愛？ 243
我和他，功課做完了嗎？ 248
讓靈魂主導愛情？ 250

前言

穿越愛情的迷思

♥愛與不愛之間

我，是美國「國家催眠協會」（NGH）認證的專業催眠療癒師，協助人們療癒深層的情緒傷口。根據多年的經驗，來找我諮商的，大多是碰到感情問題的男男女女。有的因為分手情傷而來，有的因為伴侶出軌而來，有的因為孤單寂寞而來，有的因為地下戀情而來，有的因為父母反對或社會排擠而來。

感情空窗的，拜求月老又祈請愛神，就盼佳人近在眼前。
在感情中的，冷戰熱戰卻身陷泥沼，就快要喘不過氣來。
失去感情的，心如刀割又肝腸寸斷，就如與世隔絕般淒涼。
療癒感情的，小心翼翼卻心門緊閉，就怕再一次鮮血淋漓。
怎麼樣，看來很熟悉吧?!

愛情這條路，幾乎每個人都受過傷，好多人也走得辛苦萬分。如果，受傷一次是教訓，辛苦幾回是借鏡，那麼，我們為何仍在愛情裡跌跌撞撞、心碎哭喊，卻依然看不到光、找不到出路？

愛情，不是你所想像的——找到白馬王子、白雪公主，浪漫甜蜜談場戀愛，歡天喜地結婚生子，繾綣一世白頭到老。

在愛情的天地裡，充滿了許多迷思。正因為這些迷思，隨處充滿了挑戰，時時都有功課要做，可以說是一波未平一波又起。情況緊張一點的，分分秒秒都在分手或留下的邊緣徘徊——甚至——掙扎。

為什麼？

愛情的本質，是幫助我們進化與成長。因此，相信人們有靈魂的「新時代」學說認為：「感情，是協助靈魂修煉最深、進化最快的學校。」透過精心設計的挑戰、快速密集的功課，我們更能認識自己的真實樣貌，以光照亮不曾知曉的黑暗面，接納自己所有的面向——包括那個會哭、會鬧、會脆弱、會防衛的自己，然後，將眼光從別人身上調回來，毫無條件的、一次又一次的——愛上自己！最後，你將會發現：「你，就是愛的化身！」用通俗一點的語言來說——「你，就是愛的大磁鐵！」

來，我們先在這兒停留一會兒——

現在，請閉起眼睛，花幾秒鐘回憶一下：你上次因為某件事而哭、而鬧、而脆弱，甚至起了防衛心，還發動了攻擊，是什麼時候？和什麼人在一起？為了什麼事件？當時感覺是什麼？現在想起來，一定還很不好受吧?!

好，再想像一下，就在這個時候，有個人張開溫暖的雙臂，目光慈祥、語氣寬容的告訴你：「不管你怎麼哭、怎麼鬧，我都接納你，我都會在這裡陪你，我都一樣愛你！」

來，請你暫停閱讀，跟著指引操作以上兩個步驟。

你可以慢慢來，我會在這兒等你！

好，此時此刻，你心頭的感覺是什麼？

一定很溫暖、很動人，是吧！

這個溫暖又動人的感覺，就是愛！而這份愛，比男男女女之間的世俗之愛，還要更寬大、更包容。有沒有注意到，這份愛的感覺，來自「你本人」的內心深處，而非外在的力量——像是父母、情人、朋友或同事……？而且，它本來一直都在你心裡，只要你願意想起、願意擷取，它就會源源不絕的將愛供應給你。

我們給不出自己沒有的。你能給自己愛，就表示你有許多愛。再者，你是父精母血、愛的組合，更是宇宙大愛的結晶，全身上下都是用愛做成的，心靈滿溢取之不竭、用之不盡的愛。

你，就是愛的化身！

你，就是愛的大磁鐵！

你的本質，就是愛！

因此，當你需要愛的時候，只需向內心深處呼求，毋須假手外力。

那麼，為什麼，我們習慣向外尋找愛？總向他人祈求撫慰、肯定？期盼落空之際又黯然神傷？

這，就是愛的迷思！

它，就像是遮住太陽的層層烏雲，也宛若籠罩森林的團團迷霧。愛情的本質，是幫助我們進化與成長。本書的核心精髓，就是引領你撥雲見日，走出迷霧森林，記得自己就像太陽一樣燦爛溫暖，有如森林一般寬廣又有深度。

你可以想像，一年三百六十五天、十二個月、五十二個星期，自己都待在這溫暖動人的感覺裡嗎？這個結果，會是什麼？

你，就是自己的愛神。

你，就是自己的丘比特。

你，就是自己的月下老人。

換句話說——

你，只要想愛，就將得愛！

我知道，你心裡可能想問：「那麼，為什麼我們習慣從愛的感覺中抽離出來？覺得自己不被愛？或，找不到愛？」

別急！本書蒐集了感情上最常遇見的問題——特別是藉由占卜尋求解答的問題，再以「同頻共振」的原則切入回答，巧妙融入心靈學習的簡易概念，以精闢深入又一語道破的筆調，協助你愛上自己，提高能量的振動頻率，敞開心胸與真愛、幸福共振！

♥恐懼，見光死！

恐懼，有如黑暗；愛，就是光明。

人類的原始情緒，只有兩種，那就是「愛」與「恐懼」。當我們感覺到愛的時候，世界一片光燦亮麗，而我們感覺不到愛的時候，就陷入沉重的黑暗淒苦。世俗愛情，提供我們從恐懼回到愛裡的實習機會，反覆熟練以光明照亮黑暗，直教恐懼見光即死！

以下，就是一個從恐懼回到愛裡的實際案例——

幾年前，剛結束一段辦公室戀情的Marry來找我。在諮商的初期，曾幾度因為悲傷難抑無法言語。待她終於平靜下來之後，我才明白，剛分手的男友早已結婚生子。過程之中，她因罪惡感的譴責，以及戀情無法曝光的委屈，數度鄭重提出分手。然而，只要男友一回來找她，戀情又因一時心軟而死灰復燃。就這樣反反覆覆、載浮載沉，這當小三的煎熬，長達七年之久。

這樣的一個經歷，Marry如何在療癒情傷以後，去共振理想情人，享受幸福感情呢？

下次看人小心一點？

交往前先問清楚？

發現對方已婚立即閃人？

拿出決心快刀斬亂痲？

我想，這些從人的意識層面所給的建議，Marry一定都聽過、看過，甚至也試過、用過。為什麼，她花了七年的時間，才真正結束這段感情？結束之後，仍舊傷心得泣不成聲？只因為她特別死心眼，或就是執迷不悟？還是，有更深層的源頭？

影響我們選擇感情的，不是只有我們的意識而已。

事實上，意識上我們所知道的原因，只佔了一、二成而已。我們的潛意識，才是真正決定我們愛上誰、如何表達愛、希望如何被愛、分手或留下、幸福或痛苦的重要關鍵。意識，是我們所知道的、能察覺到的理智思維。潛意識，是我們所不知或遺忘，但深深影響我們做重要決定的心靈力量。潛意識影響我們愛情信念的比例，高達八、九成，而意識只佔了一、二成。

當我帶著Marry向潛意識探索而去，才發現，小學一年級時，她的母親與阿姨相偕出遊，在高速公路上出了車禍不幸身亡。沒多久，父親又再娶，繼母對待她並不友善，冰箱的牛奶只准自己親生兒子喝，小Marry的衣服繼母也不願意洗。我們不難想見，小Marry很快就感到被父母遺棄，甚至在潛意識很深的地方，建立起一個根深柢固的信念：「我不夠好，我不值得被愛！」

大家聽過「同頻共振」的原理吧？相同的頻率，會產生共振。簡單的講，就是正吸正、負吸負。請特別留意，這裡的正或負，並沒有標籤是非善惡、好壞對錯的意圖，不過就如電池的正極與負極。如此，而已！

好，回到Marry藏在潛意識裡「我不夠好，我不值得被愛」的信念。

所謂信念，是一種固定的思維模式。信念，是一種能量，也就是一種振動頻率。

我們一起來想想看，讓Marry痛苦不堪的小三之戀，是不是也讓她覺得「我不夠好，我不值得被愛」？有人會說，是Marry的信念「吸引來了」這段讓她又委屈又罪惡的感情。就某種程度而言，也沒有什麼錯。不過，這種說法，很容易勾起對自己的指責——

我就是這麼不好，才會吸引這樣的人、這樣的愛情。

其實，不過就是Marry的信念，和那樣的人、那樣的愛情共振罷了。

從情緒的層面來看，Marry之所以在這地下戀情糾葛了七年，是因為潛意識裡埋藏著深深的恐懼——也就是害怕被遺棄的惶惴不安。這巨大而深黑的恐懼，來自於童年被父母遺棄，後母又不接受她的情緒創傷。正因為如此，她才緊緊抓著無法反映她的價值，又無法真正給她幸福的已婚男子，糾結在複雜的負面情緒裡，傷痕累累卻無從訴苦，辛酸捱了二千五百多個日子！

在協助她自我療癒的歲月裡，我引領著她面對被遺棄情結，溫暖且寬容的以意識之光，照亮她心底深處的恐懼——換句話說，就是接納自己的黑暗面！雖然，我不清楚Marry最新的感情狀況如何，但我深深相信，她不會再被矇在暗夜裡，任恐懼綁架她的愛情。在釋放過往深層的恐懼之後，她的心靈多出許多空間，讓她可以在意識上做出不同的選擇，與反映她真正價值的男子交往，也與她真正想要的幸福感情漂亮共振。

當然，Marry最終做出什麼選擇，全得看她自己！只是，有了從恐懼回到愛裡的美好經驗，舊有模式就不會是一再輪迴的宿命。

改變，隨時都可能；而且，很有可能就在當下。

♥本書的天命

1.引領各位與美好愛情共振，找到理想情人，創造幸福感情。

2.深入真正影響我們而不被察覺、不被了解的潛意識，深層療癒感情傷痛，改變舊有模式，重新做出選擇。

3.穿越愛的迷思，以愛取代恐懼，以光照亮自己的黑暗，開發本來就有的「愛情心靈力量」。

4.提供簡單容易、隨時隨地都能使用的心靈工具——允許出現，願意感受。

♥愛情發展必經的五個階段

本書以感情發展的五個階段為主軸，針對熱門的感情問題，以Q&A格式精闢回答，直搗問題核心、一針見血，盼能帶領大家走出愛情的迷霧森林。

以下，為設想的愛情五個部分：

- 觀望：懵懵懂懂，不知愛情是什麼，想嘗試但又不確定。
- 祈求：單身狀態，希望以「同頻共振」原理實現幸福感情。
- 挑戰：交往之中，希望通過感情中常見的各種挑戰。
- 療癒：分手以後，希望走出情緒傷痛、自我療癒。
- 心靈：重新出發，希望再一次敞開真心，與真愛和幸福共振。

Part 1

觀望

觀望，從字面上看，就僅僅止於「觀察」及「想望」，並未付諸行動。在這個階段，我們的意識，經常對愛情二字祭出以下大哉問：「我怎麼知道自己需要愛情呢？」「我也許不適合談戀愛？」「我對愛情一無所知，怎麼去愛？」這類問題或結論，都屬於理智上的想法，表面上看來十分有道理。我們，幾乎都要以為它們就是宇宙真理，而順著這些似是而非的邏輯，對愛情「望之卻步」！

愛情，和感覺一樣，發自於「心」，只能用心感受，不能以頭腦或理智來分析。觀望，通常來自於頭腦，並非發自內心深處。若能用心感受觀望背後真正的情緒，我們很輕易就能明白，「觀察想望」，其實就只是「望之卻步」。至於，我們為何對愛情望之卻步？答案很簡單，那就是——害怕受傷！

最後，在正式進入本書常見的愛情問題之前，再提醒各位讀者一次——正如〈前言〉的陳述：「潛意識影響我們愛情信念的比例，高達八、九成，而意識只佔了一、二成。」從意識——也就是理智來看問題，只能看到冰山一角，就算找到了解決方法，效果不但表面也無法持久。若能探進潛意識——也就是心靈深處，才能看到冰山底層，黑暗才能被光照亮，問題才能消融昇華。

因此，本書所有問題的回覆與建議，都在協助各位穿越理智上「愛情的迷思」，將光照向心靈深處，開發你本來就有的、無窮無盡的「愛情心靈力量」！

Q：如何知道自己需不需要愛情？

A：詢問你的心，傾聽你的身體，「你自己」會知道。

需要，是頭腦、意識層次上的問題，就好像問你需不需要最新的「愛瘋5S」一樣。你可以回答需要，也可以說不需要。需要或不需要，只能由「你自己」來決定。在決定買或不買的過程裡，你會仰仗頭腦與理智的分析。比如說：我負擔得起嗎？我現有的手機不能再用了嗎？買了新手機對我有什麼好處？

愛情，和感覺一樣，發自於「心」，只能用心感受，不能以頭腦或理智來分析。因此，你在這裡真正該問的問題是：「我『想要』愛情嗎？」

想要，是內心、潛意識上的問題，就好比問你想不想要最新的「愛瘋5S」一樣。倘若你真心想要，就會創造方法、思忖門路去擁有它！那個時候，就算負擔不起，現有手機也沒有什麼大問題，你也能列出千百條擁有它的好處，不是嗎？

為什麼，我們會將愛情這「想要」感覺層次的禮物，降格理智化成為「需要」的物件呢？因為，在內心深處，也就是潛意識的層次上，我們太害怕受傷了——怕被拒絕而得不到愛、怕得到卻又失去愛、怕在愛裡被冷落、怕在愛外太孤單、怕愛的距離太近、怕愛的距離太遠、怕愛像電影《他其實沒那麼喜歡妳》（*He's Just Not That Into You*）、怕愛像悲歌〈人質〉……

請注意一下，看到這裡，你的情緒（心頭的感受）是什麼？你的身體又有什麼反應？請不要太快回答，不妨跟著以下的文字引導，一起來「詢問你的心」。

1. 請將以下文字很快閱讀、消化一下。
2. 找個安靜、不受打擾的角落，你會需要三、五分鐘的時間和空間，不受任何人事物的干擾，因此，也請你將手機、電話、電腦等能想到的電子產品都關成靜音。

3.舒舒服服、輕輕鬆鬆的坐在椅子上，眼睛輕輕閉起來，開始調整呼吸。吸氣的時候，用鼻子深深吸一口氣，吐氣的時候，將氣從嘴巴「哈」一聲吐出來，一直到氣全部都吐乾淨為止。好，再重複做至少十次。

4.用你的想像力，將心門打開。請盡情發揮想像力，因為是想像力，你不可能會犯錯，只要在心裡設定這個意念：「我願意將心門打開。」我在這裡提供一個意象，請當做參考：你可以想像胸口開出一朵粉紅色的玫瑰，用你的想像力讓它綻放得燦爛、溫暖、高雅、芬芳。請記得，若在視覺上看不到這朵玫瑰花，是很正常的，也沒有什麼關係，只要用想像的，就可以囉！

5.若發現在這個空間裡，你的眉心或額頭在出力，請將那股力量輕輕推到你的胸口，再想像它向四面八方展開來。這個動作，就是協助你將用頭腦、理智來思考的力道，轉化成用心來感受。

6.回想以下文字：我們太害怕受傷了——怕被拒絕而得不到愛、怕得到卻又失去愛、怕在愛裡被冷落、怕在愛外太孤單、怕愛的距離太近、怕愛的距離太遠、怕愛像電影《他其實沒那麼喜歡妳》、怕愛像悲歌〈人質〉……

7. 現在，感受一下，你「心頭的感覺」是什麼？若你發現眉心或額頭不小心又出了力，請將那股力量輕輕推到胸口，向四面八方展開來。再一次，用心去感受一下，現在你的「情緒」是什麼？

現在，請按照以上七個步驟，自行操作看看，試著進入這個「願意感受」的空間裡，我會這裡在將心門打開等你，也替你穩定你的能量場，請記得，你是安心、安全的。

請問，你剛才感受到心頭的感覺（也就是情緒），是什麼？

如果，你開始感受到一絲害怕、焦慮、緊張，甚至悲傷、挫折，或其他任何負面情緒，都是很正常的，不代表你做錯了什麼。事實上，你現在所「感受到」的，才是你真正的情緒，而不是你用頭腦想出來的：「還好！」「沒什麼特別的感覺！」假設，你什麼情緒也沒感受到，也不代表你哪裡出了問題，只要等下次機會出現時，再試試看就好囉！

請記得，**你沒有辦法用頭腦來思考你的情緒。情緒，只能用心來感受。情緒，是絕佳的內在指引，若真能感受、傾聽，很多愛情相關的問題——甚至難題——都能找到「最適合你」的解答**。如果，你此時此刻還不習慣「願意感受」這個方法，請不用擔心，我在本書後面的篇章裡，會耐心反覆的提醒你，協助你漸漸養成習慣，最後，變成一個反射動作，喚醒你本來就有的內在力量與智慧，讓你在愛與不愛之間，走得更穩定、更自在、也更無懼！

來！我們再來感受看看那個「真正該問的問題」：「我『想要』愛情嗎？」

請按照以下指引，再次進入「願意感受」的空間裡，這一次，我們除了「詢問你的心」，還要「傾聽你的身體」：

1. 請將以下文字很快閱讀、消化一下。
2. 找個安靜、不受打擾的角落，你會需要三、五分鐘的時間和空間，不受任何人事物的干擾，因此，也請你將手機、電話、電腦等能想到的電子產品都關成靜音。

3. 舒舒服服、輕輕鬆鬆的坐在椅子上，眼睛輕輕閉起來，開始調整呼吸。吸氣的時候，用鼻子深深吸一口氣，吐氣的時候，將氣從嘴巴「哈」一聲吐出來，一直到氣全部都吐乾淨為止。好，再重複做至少十次。

4. 用你的想像力，將心門打開。請盡情發揮想像力，因為是想像力，你不可能會犯錯，只要在心裡設定這個意念：「我願意將心門打開。」我在這裡提供一個意象，請當做參考：你可以想像胸口開出一朵粉紅色的玫瑰，用你的想像力讓它綻放得燦爛、溫暖、高雅、芬芳。請記得，若在視覺上看不到這朵玫瑰花，是很正常的，也沒有什麼關係，只要用想像的，就可以囉！

5. 若發現在這個空間裡，你的眉心或額頭在出力，請將那股力量輕輕推到你的胸口，再想像它向四面八方展開來。這個動作，就是協助你將用頭腦、理智來思考的力道，轉化成用心來感受。

6. 在心裡想想這個問題：「我『想要』愛情嗎？」

7.現在，感受一下，你「心頭的感覺」是什麼？若你發現眉心或額頭不小心又出了力，請將那股力量輕輕推到胸口，向四面八方展開來。再一次，用心去感受一下，現在你的「情緒」是什麼？這一回，也請注意一下，你的身體有什麼反應？痠、脹、痛、麻、緊、冷、熱？它讓你感到舒服或不適？

現在，請按照以上文字的引導，自行操作看看，試著進入這個「願意感受」的空間裡，我會這裡在將心門打開等你，也替你穩定你的能量場，請記得，你是安心、安全的。

倘若，你感受到的是輕盈的、喜悅的、舒服的等等良好的心頭感覺，表示你「想要愛情」。相反的，若感受到沉重的、悲傷的、緊繃的等等不適的感覺，表示你目前還不想要愛情。再提醒各位一次，你可以每隔一段時間，就回來這個「願意感受」的空間裡，「詢問你的心」、「傾聽你的身體」，喚醒你內在的智慧與力量，指引你走過愛或不愛的種種疑惑，甚至——隱藏在潛意識裡而不自知的深層恐懼！

Q：不夠美、身材不夠好，會有人愛上我嗎？

A：不管你多麼不完美，你，都值得被愛！

來！請伸出雙手來，替自己熱情的鼓掌歡呼。你，真的好勇敢、好坦白、也好真實！在義無反顧跳進愛情的漩渦之前，發自內心問了這樣赤裸、不矯情的問題，真的是很不容易啊！這需要很大的勇氣！畢竟，誰願意承認自己不夠美、又不夠好呢？

首先，覺得自己不美、不帥、身材不好、太老、太胖、太聰明、太笨、太窮、太年輕、太囉唆、太窮、太有錢……所以沒有人愛我，是一個「信念」，而不是「真相」或「事實」。**信念，是一個固定的思維模式，是可以被改變的**。信念的形成，是根據過去多次重複的經驗。因為過去不止一次的經驗，你深深相信自己不夠好、不完美，所以不會有人愛上你！在你問出這個問題的這個當下，我如果跟你說：「不管你多麼不完美，你，都值得被愛！」你大概只想丟鞋子到我身上，斥說這根本是唱高調、畫大餅，不但不切實際，而且還痴人說夢！

我明白。所以，請容許我再來分享一個心靈工具：「允許出現」。

我相信，當「我不夠美、身材不夠好，會有人愛上我嗎？」這個想法出現時，一定會牽動接下來一連串的想法：「上星期阿光就說我太胖！」「從小，我媽就嫌我大腿不夠細。」「小白就是因為我不夠豐滿才拒絕我。」「跟林志玲比起來，我簡直就是個矮冬瓜！」你，一定不喜歡這串負面而沉重的想法，對吧？所以，你也曾試著叫自己「不要再想下去」，或者，「趕快轉個正面的想法」。然而，結果是你失去控制，不斷的想啊想，怎麼也停不下來，對嗎？不但如此，一旦陷進這個想法迴圈之中，你的心情就變得沉重無比！

這一次，請你閉起雙眼，調整呼吸至少十次，讓自己的心安靜下來。接著，請試著跟這一連串負面的想法說：「我允許你出現！」說著，你就真的允許它們出現！根據我個人及無數客戶、學生的操作經驗，那一連串叫你無可自拔的想法，會突然戛然而止，再不然，也是音量大幅減弱，自然退到很後面的背景去。這個面對負面想法或情緒的心靈工具，我稱它為——「允許出現」。

好！「允許出現」之後，請你找到這一連串想法後面的負面情緒，使用前一題分享過的「願意感受」，用心感受這些負面情緒。在這裡，再多分享一個實用的法寶：在敞開心去真正感受情緒時，你可以輕聲跟這些負面情緒說：「我願意感受你、擁抱你！」一說完，立即充滿耐心與慈愛的去感受它們、擁抱它們。請記得，不要抱著「這些負面情緒讓我好不舒服，我要它們立刻消失」的心態來操作。你之所以願意感受、擁抱它們，是因為你想要對它們展現愛與關懷。

「允許出現」、「願意感受」這兩個步驟加起來，就變成一個強效的心靈工具，叫做——「接納自己的黑暗面」。它，操作簡單方便，自己就能獨立操作，不管在何時何地，只要出現負面想法及情緒，立刻就可以拿出來使用。根據許多人實際使用的經驗，負面念頭會因此停止或減弱，負面情緒也能自然淡去或變小。又因為對自己展現無條件的包容及愛心，若能養成習慣長期使用，我們不但會變得越來越開心、越來越正面，就連面容長相也會跟著變得慈悲、柔軟，就算不是社會大眾所界定的帥與美，也很難不魅力四射、不招來朵朵桃花！

來，請你按照上面的指示，針對「我不夠美、身材不夠好，會有人愛上我嗎？」

這個想法，好好的操作「允許出現」與「願意感受」！

怎麼樣？心情是不是平緩了？心門是不是自然敞開了？若不是，請不用氣餒，也不用著急，只要再試試幾回就好囉！請記得：**這個心靈工具，是需要反覆練習的！**

好，假設現在你的心情已經回到中心，也就是感到平靜祥和了，請用雙手摸著自己的心口，充滿柔情蜜意的告訴自己：「不管你多麼不完美，你，都值得被愛！」請敞開心門，真心誠意的多說幾次，同時注意一下，你的心頭感覺，是不是有什麼變化？

很好！現在可以搭配「愛自己鏡子體操」：請走到任何一面鏡子前，仔細看著鏡中自己的雙眼，請看進他的眼睛深處，然後，請用最溫柔甜蜜的聲音，告訴他：「不管你多麼不完美，你，都值得被愛！」也是一樣，請你多說幾次，同時觀察一下，你心頭的感覺，是不是有什麼不同？也感受一下，你的身體，又什麼反應！

不管你心頭的感覺是什麼？有什麼不同？或者，身體的反應是什麼？有或沒有反應？你都做得很好！在「允許出現」、「願意感受」的同時，你寬容而慈悲的接納了自己「覺得不完美」的黑暗面，諸多負面情緒自然得到釋放。然後，你反覆真心的告訴自己：「不管你多麼不完美，你，都值得被愛！」藉此重組大腦過去的經驗，修改「我不夠美、身材不夠好，不會有人愛上我」的舊信念。

最後，提醒你，舊信念養成是經年累月的；改變它們，會需要一段時間。所以，請對那個「暫時換不過來」的自己溫柔一點，也有耐心一點！

Q：**我還不了解愛情，怎麼去愛**？

A：**愛情，和人生一樣，可以邊學邊做。**

我自己都不敢說，我完全了解愛。

想像一下，要是你邀請好朋友去游泳，他卻回答你：「我不了解水性，怎麼去游泳？」你會如何回答？

如果是我，我會說：「不會游泳，學就好了啊！」

搞不好，你比我還大方、還好心，會熱情的補充：「我可以教你喔！」

然後，你可能會帶著朋友，準備好泳衣、泳具——尤其是泳圈或浮板，先從暖身操開始，再到淺一點的親子泳池，教他如何在水中閉氣、換氣，再一步一步的教他身體游動的方式，手腳打水、划水的動作。然後，等時機成熟，再讓他戴著泳圈，由你扶著他，跟著他往前游動。再過一陣子，你看他動作熟練了，有時會短暫的鬆手，確認他是否能夠自己向前游動。當你發現他可以完全不再依靠你，而以自己的力量和技術划水、游水，你就建議他克服擔憂及恐懼，摘掉泳圈、放掉浮板，你會跟在身旁，放手讓他獨立游泳。

愛情，和游泳一樣，可以邊學邊做。遇到了困難，可以尋求幫助，再試著往前走看看，要是困難因此轉化消失，你就多累積一點安全感、多建立一點信心，支持你再繼續往下探索。建議你，不妨將本書當做是你的游泳教練，當你覺得累了、怕了、不安了、遲疑了、疑惑了，回來這裡，找找這裡所分享的答案、提供的方法，讓你從覺得孤單、不被理解的世界裡走出來。

我前頭說過了，看問題若只從意識來看，往往只看到表層，問題通常也只能得到一時的安撫，絕非長治久安之計。唯有探進你的潛意識，也就是心靈深處，才能洞見問題的核心——也就是我們的黑暗面，這個時候，若能用「允許出現」、「願意感受」兩個步驟，無條件的「接納自己」，那麼，真正的問題，就能自然消融，甚至自動轉化成愛。

來，請花一點點時間，從調整呼吸開始，進入那個「允許出現」的空間。然後，把這個問題大聲唸幾次：「我還不了解愛情，怎麼去愛？」接著，請允許任何想法出現，並且真心誠意跟它們說：「我允許你出現！」再來，請敞開心，找到這一連串想法所牽動的負面情緒。根據經驗，在這個時候浮現出來的，大多是焦慮、緊張、害怕、恐懼。要是你此刻仍然感受不到情緒，不代表你做錯什麼。**誠實感受負面情緒，是需要多加練習的**，你可以往後再找機會試試看。或者，繼續留在這個空間裡，觀察一下你的身體有什麼反應？痠、脹、麻、緊？這些身體上的不適，通常就是負面情緒的積累，即便我們人腦以為感受不到。

以這一題而言，後面透露出的情緒，應該都能連結到「恐懼」這個情緒家族——焦慮、緊張、擔心、不安等等。現在，不管是情緒或身體反應，都請你跟它們說：「我願意感受你、擁抱你！」接下來，不帶任何想要改變它們的意圖，溫柔慈愛的去感受及擁抱它們。很快的，你會發現，它們不是自然減弱，就是自動離開。

好！等釋放了恐懼之後，我們來聊聊，愛情是什麼？

生在地球上的每一個人，天生都需要愛，也都想要被愛。然而，卻很少有人真正懂得什麼是愛，正因為如此，我們才藉由人生的各種面向，來學習什麼是愛。若說每個人終其一生都在學習愛，一點也不為過。也因此，我才會一開始就坦白承認：「我自己都不敢說，我完全了解愛！」

雖然，**愛情，只是愛的其中一個面向，但卻是最能幫助我們了解自己，幫助我們成長最多的重要元素**。讓我們明白自己希望怎麼表達愛、又希望怎麼被愛，希望怎麼被看見、怎麼聽見，然後，從希望與失望的反差中，允許感受各種情緒的起伏，無條件接納自己所有的面向，喚醒自己內在的力量，發揮自己更多的潛能。因此，**錯過了它，你將少了許多深度認識自己、展現自己的機會**。

像我幾年前，有個因為愛情而深度認識自己、展現自己的實戰經驗——

有一天，我與當時交往的對象在咖啡館聊天，我正講得行雲流水時，他突然、也是首度對我「噓」了一聲，示意我不要再講下去，我當下也顧不得他語氣是否溫和、有沒有惡意，氣得站起身來立刻走人，就像一場小旋風一樣。我之所以會動怒，是因為覺得他不尊重我，居然在公共場合叫我閉嘴。我們溝通過後，他跟我道了歉，也說明並沒有惡意。只不過，後來他還是在我發表看法的時候，要麼表現得心不在焉，再不然就是插話不讓我講完。每一次，都讓我氣得七竅生煙，甚至在某一次舊戲重演時，憤而決定分手！

在失去這段感情之後，我開始觀照自己因此動怒的情緒，發現源頭竟然來自久遠的童年。我有兩個哥哥、兩個姐姐，我排行老么。兄姐們年紀大我很多，小時候，只要我一開口講話，他們就當我是小孩隨便發言，從來不把我的看法當一回事。本來，我以為只有這位交往對象這樣對我時，我才會大發雷霆，原來，這「傷痛的經驗」其來有自，早就儲存在我的心靈深處，一觸即發。因為更認識了自己這點，我才意識到，我可以選擇不動怒、不走人，而改用理性平和的語氣告訴對方，我希望他可以尊重我的發言。

結果是，我那個「不被傾聽就動怒」的舊習性，出現了改變的一道曙光。兩年後，當那位交往對象又「故技重施」時，我已經能冷靜的告訴他：「請讓我講完！」他也很驚訝的發現，我在過去要發火的點上，居然可以展現寬容的接納自己。我想，如果不是這段愛情，我不可能發現自己隱匿半生的習慣，也不可能有機會擁抱自己的憤怒，更別談有所改變了！

Q：我該先愛自己，還是別人？

A：愛人如愛己，從愛人的經驗裡，學會如何愛自己。

哇！真替你開心，從你問的這個問題裡，我嗅到一絲「靜極思動」的意味，是嗎？這是不是表示，也許你已經開始考慮，要勇敢穿越愛的迷思與恐懼，做好談一場戀愛的暖身動作？

我很喜歡你問的這個問題，回答這個問題的方式，可深可淺。既然，你才還在替未來愛情暖身的階段，我就先以淡入淡出的方式，淺白的說！

「愛別人」，和「愛自己」，可以同時進行，兩者相輔相成，並不互相矛盾。請千萬記得，這兩者對此刻才要暖身的你來說，是沒有優先順序的。我知道，有很多人會告訴你：「一定要先學會愛自己，才懂得如何愛別人。」這個論點，並沒有什麼錯誤！甚至，適用於很多人。不過，我還是得提醒初面對自己「不太敢愛」的你，千萬不要用這個理論，擋著自己不敢開始愛別人！因為，你內心深處「害怕受傷」的恐懼，很可能早已說服你：「你還不懂得愛自己，怎麼開始去愛別人？」

它，不是絕對的真理！

愛情，不是定論，而是過程。這，是它最迷人之處。就像麵包師傅吳寶春的成功故事，它最讓人動容的地方，不是他贏得世界大賽的定論，而是他發現熱情、堅持夢想、超越自我的奮鬥過程。因此，請不要等到先學會愛自己了，才開始向外探索愛情。如果，你現在還沒有心儀的對象，可以先從愛陌生人開始，比如說，主動對街頭迎面而來的路人微笑，並且打從心底問候他們：「你今天好嗎？」或者，找出他們的特色，真心的讚美他們：「你的髮型真美！」「我好喜歡你的眼鏡！」「你的笑容好燦爛！」

「你穿這件褲子，看起來真挺！」另外，在進出商家之時，也可以替其他人開門，請他們先行通過。這樣愛陌生人，等於將心門敞開，讓愛的能量暢快流動，有助桃花盛開喔！

未來，等你進入了愛情與關係，愛別人，就會變成一面鏡子，只要你願意打開心扉，便能用光照見自己需要愛、還不是愛的地方——也就是我所謂的「黑暗面」、「暗點」或「傷痛」。然後，你就能先學會如何給這個地方愛，再向外示範給你的愛人看，讓他知道可以如何愛你。在愛情的天地裡，每當發現自己因愛情而受傷時，表示你內心深處的傷痛過往被勾動了，請記得先回來愛自己，方法很簡單，就是無條件的接納自己，它的操作步驟則是：「允許出現」、「願意感受」。這個愛情的過程，就是我所謂：「愛人如愛己，從愛人的經驗裡，學會如何愛自己。」

我在前面一題所分享的個人經驗，就是一個清楚的例子。在那段感情裡，我以光照見了自己「不被傾聽就動怒」的暗點，再以「允許出現」、「願意感受」接納了自己，並對自己展現愛，然後，再以實際操作經驗示範給愛人看，要怎麼尊重我、愛我。

Q：我想愛的人不愛我，怎麼辦？

A：能量告白，也能傳情達意。誠實面對自己，了無遺憾！

噢！想愛的人不愛你，想必現在的你，一定很傷心、很失落吧！

沒關係！這著實給了你一次好好愛自己的機會。來！請用「允許感受」、「願意感受」來接納這樣的自己。請跟此時此刻你腦海裡紛亂糾葛的想法說：「我允許你出現！」然後，找到想法後面的負面情緒——悲傷、挫折、失望、憤恨、遺憾等等，溫柔慈祥的告訴它們：「我願意感受你、擁抱你！」請真心誠意去感受它們、擁抱它們，耐心的陪伴它們坐一會兒，不要急著趕走或改變它們。

等到負面情緒自然消退之後，再拿出一張紙、一支筆來。我們，一起來寫兩封信。

♥第一封信：寫給他——能量告別，也能傳情達意。

所謂能量告別，就是將你對他所有愛的感覺，都化成文字，誠實而不保留的寫出來。這封信，可以不寄給他，只有你自己能看到。因為，他收不到，在意識上也許無法知道你的真實感受，但這篇文字的能量，能夠以振動頻率的方式，傳遞給他的潛意識！請注意，**這封信的目的不在打動對方，而是營造一個安全的空間，讓你能夠誠實的表露自己的感情，也讓你不再有憾恨**。

請將你對他的真摯情意，都一一寫出來。請以下面的句型來寫：

我喜歡（或欣賞、愛）你的「某項特質」，它讓我感到「某種情緒」。

來，舉個例子進一步說明：

我很欣賞「你的微笑」（特質），它讓我覺得「很開心」（情緒）！

請至少寫出對方十個特質，為什麼？因為，在這個階段，你其實可能沒有那麼愛對方，甚至，連「愛」都談不上。在書寫的過程之中，要是發現寫出十個特質有困難，或不順利，很有可能，你並不愛他啊！然而，要是你能順利寫出十項，也能有效幫助你抒發，極有可能從來沒有機會講清楚的感情，順便面對自己的情緒，並從中進一步了解你欣賞的對象，擁有哪些讓你心動的特質。這，有助於未來「有效吸引真命天子」（請參閱第二部〈祈求〉裡的〈如何才能吸引真命天子？〉）。

寫完之後，感受一下你心頭的感受是什麼？我猜想，此分此秒，你的心，一定是優雅敞開的吧？有沒有感覺到，愛的能量，正自由的流動著？

第二封信：寫給自己——誠實面對自己，好好愛自己！

所謂誠實面對自己，就是將「發現他不愛你」的過程，以及你當下的想法、情緒，化作文字，誠實而無所保留的寫出來。這，是對自己展現同理心的具體表現，不但能協助你釋放深層情緒，更能引領你回來愛自己，將傷痛轉化成愛。請記住，只要你誠實的書寫這封信，負面情緒就能得到釋放。不過，請勿要求自己一寫完信，就得快樂起來，請給自己一點時間，也對自己多點耐心，好嗎？

請用以下的句型來寫：

某某（看家人平常怎麼稱呼你，就那樣叫自己），我知道「發生了什麼事件」

（發現他不愛你的過程），他「說了什麼」或「做了什麼」（有的時候，是他「沒說什麼」或「沒做什麼」），我可以理解你的「想法」，你一定覺得很＿＿＿＿（情緒）。

舉個例子來說明：

圓仔花，我知道你聽金城武的好朋友林志玲說，你不是他的菜（事件），他喜歡比較高一點的人（說了、做了什麼），我可以理解你覺得自己不夠好、不夠美、身體又不高（想法），你一定覺得很悲傷、很失望（情緒）！

請將所有讓你發現他不愛你的事件，都按照以上句型寫出來！這封信，也是對那個需要被愛的自己，真誠展現同理心與愛，除了協助你誠實面對負面情緒之外，更是「愛自己」的最佳練習！請記得，當你感到傷心、失望、挫折、難堪等負面情緒的時候，就是回來好好愛自己的大好時機喔！

最後，也許有人會鼓勵你勇敢告白一次，不管結果如何。我，並不反對這個建議！倘若，你真的打算跨出這一步，請容許我提醒你：「你，已經有現成的『告白信』了，不是嗎？」

沒錯，就是「第一封信」！

Q：怎麼愛，才不會受傷？

A：在愛情裡受傷，是必然的。而情傷，終將成為智慧！

先來說個真人真事：

我有個女性客戶，在這裡我們就稱她為「小玫」。小玫因為交往對象突然從人間蒸發，痛苦萬分又百思不解。於是，她請我連結她的指導靈——也就是為她「通靈」，看看可以如何根本改善這個情形。指導靈，類似一般人所熟知的守護天使。

很快的，小玫的指導靈要我問她：「請回想一下，剛開始和這位男子交往的時候，你傳簡訊或打電話給他，要是他沒有立即回覆，你的反應是什麼？」

「很憤怒！」小玫不假思索。

「那麼，在一段感情之中，你是不是很害怕犯錯？把自己繃得很緊？」

「對啊！」

「是不是每次發生衝突或爭執，你就以為這段感情就要沒了？」

「對、對、對！」

指導靈溫柔慈悲的說明：「剛才問你的那三個問題，是用來測試你是否有『被遺棄情結』，從你的答案看來，你的確是有這種情結。我這裡感受到的是，在你很小的時候，你就覺得母親對待你的方式，讓你覺得自己被遺棄，而感到萬分恐懼，害怕一個人被留下，沒有人照顧你、沒有人在乎你。所以，每每在感情剛要開始的時候，你因為害怕重現童年被遺棄的經驗，而將對方抓得很緊。這位男子，其實不是從人間蒸發，而是感受到你想牢牢抓住他的能量，覺得壓力太大，就索性迴避你，躲了起來。像這樣突然消失在你生命中的交往對象，應該還有其他的男子吧？」

小玫悶哼了一聲：「對……」

「請不要覺得自己做錯了什麼！」指導靈似乎聽出小玫自責的聲音，而以溫暖動人的智慧撫慰她的心：「要根本改善這個情形，你得釋放內心深層的恐懼。」

就在訊息傳遞的過程之中，指導靈帶著小玫「允許出現」、「願意感受」，當下讓小玫釋放出一些悲傷。而這巨大的悲傷，小玫原本在意識上完全感受不到，一直到她真的將心門敞開，願意用心去感覺，她才泫然欲泣、激動哽咽，就連那位男子的名字，都無法好好說出口。

我們不難理解，在這段愛情裡，小玫在意識上因為男子莫名消失受到很大的打擊，就連在唸他的名字時，都因為悲傷難抑而說不出口。這，的確讓她受傷、心碎、痛苦、哭泣。從和指導靈的互動看來，我們知道，這並不是唯一消失於小玫眼前的交往對象，也就是說，小玫有「因為害怕被遺棄而緊抓不放」的習慣，讓她交往過的對象感到無法承受的壓力，最終選擇銷聲匿跡、斷絕聯絡。以往，小玫可能都認為是自己遇人不淑。然而，這次顯然不同，她的心打開了，耳朵也跟著打開，認真聽進指導靈要告訴她的話：若要根本改善這個狀況，她得釋放內心深層的恐懼。

要不是小玫老在同樣的地方跌倒、受傷，她不會有機會這樣深刻的認識自己，更無從知道要怎麼打開這個死結，徹底轉化這個習性。這次寶貴的經驗，其實不是醜陋的傷疤，而是發光的智慧！這個美麗的智慧，不單能幫助小玫與幸福感情共振，原本不知情的「被遺棄的恐懼」，也不至於輾轉「遺傳」到下一代，造成更多不安與恐懼的世代輪迴。

在愛情的天地裡，受傷，是一定的；在愛情的世界裡，害怕受傷，也是很正常的！只是，千萬不要因為過去跌過跤，就放棄林間散步、健行踏青的美好。**害怕受傷時，請「允許出現」、「願意感受」，讓恐懼一次次的自然退去**。倘若，未來真的在愛情裡受了傷，也請記得運用「接納自己」的這兩個「撇步」，幫助你釋放所有的傷痛。

請敞開心勇敢去愛！就算傷了，再愛一回；即便再愛了、又傷了，也請你不斷愛下去！我，無法跟你保證，愛，不會受傷。但我可以用自己的經驗，大聲下這個結論：「愛，不管受傷與否，都很值得！」

等你愛過了，你就會知道！

Q：愛，要怎麼開始？

A：姜太公釣魚，願者上鉤。提高自己的振動頻率，等魚兒自行上鉤。

好！暖身操做完了，準備要擬定愛情計畫，付諸行動了嗎？別急，請容許我再提醒你幾件事：

1. 愛情，就像姜太公釣魚，願者上鉤。你只能自己做好準備，無法做些什麼讓別人愛上你。這裡的「做好準備」，可以泛指「消化第二部〈祈求〉所有的概念，練習每一個工具」，也可以精細的指「提高自己的振動頻率」。等自己的心靈能量微調好了，剩下的，就像姜太公釣魚一樣，只等著魚兒自己上鉤囉！

2. 過去，你以為愛情就是要用力追求、用力猜測、用力玩心理戰，將所有心思都放在取悅對方身上，弄得自己神經兮兮、疲累不堪卻事倍功半。這一次，請試著將所有心思，都收回來自己身上，好好的接納自己的黑暗面，以愛自己來示範如何讓別人愛你。

3. 請鬆手放下過去所有關於愛情與幸福的信念，記住意識上呈現出來的問題，並不是真正的核心，只有「允許出現」、「願意感受」，才能帶著你回到內心深處轉化深層情緒。請記得，遇到困難時只要「詢問你的心、傾聽你的身體」，就可以了！在意識上不知道答案無所謂，它不是件壞事。理智所判斷出來的答案，通常只會壞事。

4. 請翻開下一頁，跟著我的文字與實戰經驗，一起找到你自己本來就有的——「愛情的心靈力量」！

Part 2

祈求

為了讓讀者一目了然，我用的是「祈求」二字。顧名思義，就是在沒有愛情的單身階段，希望能「祈求」一段美好的姻緣。其實，最接近宇宙真理的用語，應該是「共振」。我相信，你一定有過這樣的經驗：和一個神采飛揚的人相處一會兒，你的心情也自然跟著輕鬆起來。相反的，與一位眉頭深鎖的朋友坐一下子，你的心也難免一起跟著沉到海底。這，就是能量的共振。能量，是一種振動頻率。本書問答內文中所提到的能量，指的是一種心情，或心頭、心靈的感覺！

當我們因為「缺少愛情」或「需要愛情」而祈求一段理想感情，雖然天經地義、人之常情，但骨子裡往往散發「匱乏無愛」及「恐懼孤單」的心情。不難想見，都是振動頻率很低的能量。因此，一逕向外施力去祈求一段愛情，只會招來低振動頻率的愛情體驗。若能換個方向，回來自己的內心提高振動頻率，就能與我們真正想要的幸福感情精彩共振。

Q：如何才能吸引真命天子？

A：請將振動頻率提高，一直到可以和真命天子自然共振！

你，還想「做些什麼」，去「吸引什麼」嗎？

來，眼睛請先輕輕閉起來，在心裡默唸這個句子：「我好想吸引真命天子！」好，再多唸幾次，感受看看，說這句話的時候，心情如何？胸口感受如何？身體整體的感覺又如何？

如果，我跟你說，你的真命天子，一直就在你身邊，你能相信嗎？你敢相信嗎？又願意相信嗎？

接下來，請在心裡唸唸這個句子：「真命天子就在我身邊！」好，再多重複幾次，好好感覺一下，說這個句子的時候，心情怎麼樣？胸口的重量怎麼樣？整個身子的能量又怎麼樣？

其實，不管你在「我好想吸引真命天子！」後面，加上了多少夢幻或浪漫的情懷，那個想做些什麼，去吸引或找到真命天子的感受，就隱藏著「匱乏」與「不安」，甚至「孤單」及「落寞」的感覺。我個人在心裡唸得次數越多，就越覺得疲憊沉重。

然而，諷刺的是，要是有人告訴我們：「真命天子就在你身邊！」

很本能的，我們不是跟自己講：「怎麼可能？」「哪有這麼好的事？」就是極度懷疑的想著：「這麼容易找到的，一定不是真命天子吧?!」有沒問過自己，為什麼我們會這麼悲觀？這麼質疑？這麼——不．敢．想？

難道，你不值得這「輕而易舉」？不值得這「唾手可得」？不值得這「不可置信的奇蹟」？

真命天子，真的就在我們身邊嗎？

若是真的，怎麼連個鬼影都見不著呢？

難道，是我們瞎了嗎？

請聽我說句實話，不要以為我是在咒罵你，

不過，我們真的是瞎了，不但瞎了好多年，甚至好幾世、好幾個輪迴！

只不過，瞎了的，不是我們的雙眼，而是我們——對心頭感覺的感應力！

是的，對心頭感覺的感應力！

我們太過依賴頭腦，只針對眼睛看得到的事物思考、判斷、分析，而忘了用心去感受，因而長期忽略心頭的感覺！

有沒聽過，「同頻共振」的原理？

簡單清楚的講，就是**「同樣振動頻率的能量，能夠產生共振」**。

能量，就是振動頻率。

我們心頭的感覺，是一種心的能量，也是一種心的振動頻率。

有沒想過，你踏破鐵鞋、千尋萬覓的真命天子，以及夢裡、心裡想過無數次的幸福感情，他們的能量振動頻率如何？不難想像，應該是極高的振動頻率吧！那麼，你現在的能量如何？想要做些什麼，去吸引什麼的能量又是什麼？或者，換個角度來問，當你腦子裡出現「我好想吸引真命天子」的想法，通常都是什麼時候？那個時候，你的能量如何？是不是現今感情出現挫折，找不到出路的時候？是不是情人節前後，孤單寂寞而想抓人陪伴的時候？是不是剛剛結束一段感情，心痛不已的時候？是不是朋友一一結婚生子，感到自己沒人愛的時候？

不用我多解釋，那些時候，你的心情一定都不佳吧？振動頻率也高不起來吧？

根據同頻共振的原理，你那時候的能量，能夠跟真命天子或幸福感情的能量共振嗎？你一直感到挫折找不到出路，是否因為你與挫折找不到出路產生共振了？孤單寂寞的能量振頻也不高，它會不會是你更孤單、更寂寞的真正原因？心痛、沒人愛的能量，能和真愛共振嗎？

那些時候，即使真命天子、幸福感情出現在你眼前，你認得出來嗎？就算認出來了，你的能量能和他們共振嗎？

真命天子、幸福感情，真的就在你身邊！只是過去，你總是以不對的能量、「他們一定又難又遠」的信念去尋求，或者基於匱乏不安，想用力做些什麼，使出渾身解數將他們吸引過來。結果，不是讓你疲累不堪，就是叫你失望不已。

如何吸引真命天子、幸福感情？

從即刻起——對，就從現在這一刻開始——請將過去所有相關的信念全都丟掉！你，不但不再需要向外用力做些什麼去吸引，更不必預期過程一定千辛萬苦才苦盡甘來。你，只要回到自身，提高自己的振動頻率，與在身邊的真命天子、幸福感情產生共振即可！

至於，如何調高自己的能量振動頻率？

請繼續再看下去吧！

Q：**如何提高振動頻率，招來桃花**？

A：敞開心門，讓愛的能量自由流動。

老實說，我不覺得自己是帥哥——不醜，看起來，自己覺得順眼，但，絕不屬於帥的類別。然而，卻在感情碰到寒冬時，溫暖開出桃花舞春風的景象，我，自己也不禁納悶：「我，是怎麼做到的？」在深入研究提高能量振動頻率的各種方法時，我不禁回顧來時走過的路，驚喜發現，我還真的有不少祕訣，能夠幫助大家招桃花呢！因此，我就不謙虛的在這裡自吹自擂一番，為的，只是分享這些招桃祕密囉！

概念

要招桃花，得從心裡招起，或說，從「潛意識」裡招來桃花。桃花，其實是一種愛的能量的表現，當心裡的能量好了，充滿愛了——尤其，是對自己的愛，多到滿出來。那麼，透過能量共振的原理，就能吸引到愛的能量。大部分時間，我們光在意識裡想要得到愛，可是潛意識裡卻是害怕受傷、不甘寂寞的能量，於是，最後實現的，不是寂寞恐懼，就是將愛推開。再不然，與之共振的，可能不是自己真正想要的「怪桃」。

然而，即使「怪桃」現身，仍表示愛的能量是流動的。我，就碰過一些奇形怪狀的桃花。我的做法是，衷心感謝這些桃花的出現。他們出現，證明愛的能量是流通的，若能以感激之情回應，會為你吸引來更棒、更美的桃花。他們，也可能是宇宙為你送來的小小考題，看看你會不會因為寂寞——明知不是自己所愛，還是一頭跳進去。

♥招桃花的祕方

✿基礎

1.買一打粉紅玫瑰，放在床頭。每天勤勞修剪枝梗底部，換新鮮的水，如此，大概可以維持一星期。最後，將花瓣放進浴缸，泡一個溫暖的玫瑰花浴。粉紅玫瑰，是愛的能量，藉由花香、花瓣，可以提高你的振動頻率。

2.配戴粉晶飾品，或在床頭置放粉晶。粉晶，也透著愛的能量，是礦石中振動頻率極高的溫暖能量。配戴粉晶，最好靠近胸口，像是用來當項鍊墜子最恰當。因為，能就近和心的能量共振。

3.多多讚美自己，像讚美好朋友一般，給自己真心的讚賞。每天，想出五個不同的理由讚美自己，連續三十天不間斷。這，可以搭配第三十三頁的「愛自己鏡子體操」，看著鏡中的自己，望向眼睛深處來說這些真心讚賞。

4.做以下的「愛自己心靈體操」，對自己身體各部位表示疼愛，誠心感謝它們每天照顧你一天的便利，帶給你一天的美好。比如：我好愛我的眼睛，感謝你們讓我看到今天美麗的夕陽。我好愛我的雙腿，感謝你們每天帶著我上班，走過美好的公園。

5. 主動跟陌生人微笑、打招呼，這，等於將你愛的能量流出去。另外，也可以主動幫助路人，比如說：拉開百貨公司大門後，為後面的人開著，或者幫人們停住電梯門，讓後來的人可以順利進入，當然，也可以主動問人們要去幾樓，替他們按那樓層的數字鍵。

✿ 進階

1. 原諒自己，原諒別人。天天原諒自己，是心靈環保的第一步，可以幫助你釋放自責、罪惡，以及投射在別人身上的抱怨牢騷。有機會就原諒別人，就是放過自己，也是釋放緊抓著過去傷痛及受害者心態的能量，當然，就等於將這些能量釋放出來，轉化成正面的愛的能量。

2. 與光合作，將自己包圍在光裡。每天早上花一點時間，讓自己先靜下心來，再想像自己被包圍在巨大光球裡，同時，讓光球裡充滿美好的能量。怎麼做？很簡單，想像自己最愛的人或寵物，再將那愛的感覺放大，瀰漫整個光球體。

3. 送光給自己：打開心來，讓心靈的力量有如玫瑰般燦爛綻放，這，就是送光給自己。早上起床或晚間上床前，讓自己靜下心來，想像胸口開出一朵粉紅色的玫瑰，這，就是每個人與生俱來的愛的能量。盡量讓它變得美麗、溫暖、優雅、動人，然後從花蕊發射出一道粉紅光芒，將自己從頭到腳包起來。

4. 常常送光，因為光是充滿愛的高振動頻率。請記得，送光給那些引起你負面情緒的人事物。這，可以讓你免於抱怨，有助平衡關係，並且，時常保持在愛的能量裡。記得，送光不是為了改變對方或局勢，而是讓自己經常保持愛的高振動頻率之中。送光給別人的方法，就如同步驟三，將自己換成他人即可。

5. 到一個陌生的場合裡，像是聽演講、上課或參加活動時，可以在心裡送光給在場每一個人，同時，對他們說：「我接受你們，我愛你們，我就是愛你們這個樣子。」這，可以讓害羞內向的你，吸引人們主動和你打招呼，或是聊天，而且，聊得很順利。接受人們，就是敞開心來讓愛流動；愛人們本來的樣子，是展現無條件的愛，更是愛的最高振頻。若能保持愛的最高振頻，當然能與愛共振，為你招來優質桃花。

Q：我可以列出真命天子的條件嗎？

A：願意改變、願意成長，自己先成為你真命天子那樣的人。

也許，過去你曾經列出過真命天子形象的清單，期望能訂做一個他，但往往事與願違，你不但倍感失望，甚至還可能傷痕累累。現在，你明白了，能量共振的原理；也清楚了，唯有提高自身振動頻率，才能與幸福感情產生共振。這，等於也提醒你：若是基於恐懼、匱乏、沒自信，以及用之前負面的感情經驗來開條件，只會再度創造相同或類似的經驗。

那麼，如何有效列出真命天子的條件呢？

首先，請察覺以下想法——

「我好想要一個真命天子！」「我好想談戀愛！」「我的他（或她），怎麼還沒出現？」「我再也不要碰到一個如何、如何、如何（請自行填空）的情人了！」這些，是匱乏、迫不及待、不想失望、害怕受傷的能量，你只要將這些句子唸個幾遍，就足以感受到其後對應的低振動頻率，是無法與你真命天子的能量共振的，是吧？

有這些想法，是我們身而為人的習慣，也請你接受自己有這樣的想法，不需要批判自己「死性不改」。只要注意到，自己有這個習慣即可。當然，出現這些想法的時候，一定會有某種情緒——不管你是不是可以清楚察覺到——通常都是負面情緒，此時，也不用害怕或苛責自己，只要輕輕閉起雙眼，安靜坐下來，去「感受」或「體驗」那個負面情緒即可。試試看，它不像你想像的那般可怕難捱，你若「允許它出現」，又「願意去感受」，很快的，你就會平靜下來。

等你平靜下來了，再拿出紙筆來，親手寫下你所想列出的條件。書寫的時候，請注意以下幾件事：

1. 請寫出一百個條件

除了長相、工作、收入等外在條件之外，別忘了，也寫下內在的條件，像是個性、為人、品德、興趣等等。只有內在的美與品德，才能讓真正幸福感情穩定長久、持續發光！

2. 請花至少一個月的時間

幸福感情，是一輩子的事，請不要急就章。好好給自己一個月的時間，從容的分幾個階段來寫。這，可以讓你從各個不同角度，以及各種可能性來動筆。過程裡，你也得到反覆檢驗的機會，確認自己要的感覺，是否強烈到要列出來。你可以想到什麼，就寫什麼，有空檔或到了最後，再回頭確認每一個項目是否都感覺強烈，若發現某個項目沒什麼感覺，可以當下刪除，直到確認每一項都是真正想要的，也對每一項也都很有感覺，才算完成。

3. 從兩個人的角度來寫

感情是兩個人的事，是愛、是學習、更是成長。其中，自然包含了付出與給予的平衡，若只要求對方如何如何愛我，又怎麼怎麼照顧我、配合我，說穿了，底層透露出來的，是「自己不想改變」、「自己抗拒成長」的低振動頻率，很難產生正向的共振結果。比方說：我們兩個人在溝通的時候，都能理性平和的說出自己的看法。而不是單單要求對方，我希望他能理性平和的溝通。

4. 想像自己就是神，沒有不可能的事

或許，你過去失望太深、受傷太重，在列出這些條件時，心中不免出現懷疑：「怎麼可能？」「真有這樣的人嗎？」「這麼美好的對象，早就名花有主了吧！」這，很正常，不用批評自己。放下筆來，深呼吸幾口氣，想像自己就是你所信奉的神明——或是宇宙。如你所知，祂們，是無所不能的；只要你開口，願望就得允諾。因此，請靜下心來，想像你自己就是無所不能、呼風喚雨的神明，天地萬物都是由你創造出來的，要允諾自己遇見一位真命天子，就像呼吸喝水一樣容易。慢慢來，不用急，等你「感覺」自己是一位神明了，再回來動筆！加油，神力，就在你自己的手中！

5. 相信自己值得幸福

你，相信自己值得幸福嗎？真的相信嗎？真．的．相．信？多問自己幾次這個問

題，同時感受一下，你出現的心情是什麼？也順便注意一下，你的身體是不是有哪裡怪怪的——像是痠、脹、緊、痛等等。當你全然相信自己值得幸福時，心情，是喜悅篤定的；身體，是輕盈舒暢的。若感受到的是相反的，不用氣餒，表示你需要回來提高振動頻率。

6. 想像，自己就是——或者，正要成為——真命天子那樣的人

其實，最精準的說法，應該是成為「那樣的能量」。因為，每個人內外的條件，不可能一模一樣，否則，這感情世界，也未免太無聊了，不是嗎？想像你已經，或正要變成那樣的能量——也就是一種願意成長、接受改變的正向能量，能夠大幅提高你的振頻呢！

7. 加上第一〇一條：以上，或更好的

人的心智不管再怎麼精打細算，也不可能比靈魂考慮的周詳，更不可能比宇宙安排的全面。在一百項條件之後多加這點，等於將最後的結果，臣服於靈魂

的帶領、宇宙的打點，不但是釋放「恐懼得不到」的妙方，更能因信任與放手而「蹺腳泡茶」啊！

Q：有什麼辦法能讓理想情人快點出現？

A：自編自導自嗨你的幸福感情，讓想像力帶著你實現夢想！

這個問題，只能在「先提高自己振動頻率」的前提之下，來回答。也就是說，讓幸福感情提早成為實相，最根本的、最有效的方法，莫過於提高自己的振動頻率！

除了前述招桃花祕方的基礎及進階做法，這裡，還可以加上「自編自導自嗨」。

♥自己編劇：寫下幸福的一天

請從你理想情人的一百個特質中，挑出五到十項當做素材。接著，想像一下，在某一天，從早上眼睛睜開的那一剎那開始，到晚上臨睡之前為止，你希望理想情人如何在與你的互動之中，展現這些迷人的特質？你又如何在這些互動之中，表達你的感情與關愛？

換句話講，請寫出「幸福的一天」的腳本！記得，在腳本的情節裡，請不要忘記加上「愛和感謝」的能量。愛和感謝，是振動頻率極高的能量，不但能提高你的振動頻率，更能協助你敞開心來，幫助你接收提早報到的「幸福感情」。

例句：

我好「感謝」他昨夜入睡之前，打開心門對我訴說心事，讓我體會了同理傾聽的力量，我好「愛」這種敞開心交流的感覺。

說明：

除了愛與感謝之外，這裡透露的是：在理想感情的天地裡，「他打開心門訴說心事」、「我同理傾聽」的幸福條件。有沒有察覺到，這是兩個人的互動，是給予與付出的平衡，而不是單方要求對方要如何如何來配合自己？

♥自己導演：想像力，是真的

每天早上一起床後，請花五分鐘的時間，將「幸福的一天」在腦海裡，用想像力演出來。操作方法如下：

1. 請找到一個最舒服的姿勢坐下來。
2. 以鼻子深深吸氣，再將氣從嘴裡全部吐出來，請重複至少十次，讓心情及能量安靜下來。
3. 回想一些讓你「真心感謝」的人事物，以快速轉換你的磁場，有效提高振動頻率。
4. 接著，假裝你早已得到了「幸福的一天」，再加進「夢想已經實現」的心情，一點一點將腳本裡的劇情，在腦海裡上演一遍。這時候，你應該早已嗨了起來。

5.倘若，這樣你還無法自嗨，再試試下面的方法。

♥自己嗨起來：加進感官，更快速

請回過頭去，將「幸福的一天」腳本的句子再延展一下，在每個條件所發展出來的劇情裡，加上感官的具體感受，這樣一來，可以幫助你在上演幸福情節時，心情像飛了起來一樣，快速的嗨起來！

▼例句：

我好「感謝」（感覺）他昨夜入睡之前，打開心門對我訴說心事，他的聲音聽起來在發抖（聽覺），所以，我從身後緊緊擁著他（觸覺），他感動得流下淚，我溫柔的親吻他的頸背（觸覺）。他轉過身來，看進我的眼睛深處（視覺），告訴我（聽覺）：「我好愛你這樣傾聽我的心事，完全不批判我！」這讓我體會了同理傾聽的力量，我好「愛」（感覺）這種敞開心交流的感受。

▼貼心小提醒：

1. 為什麼要嗨起來？當然是讓能量可以共振囉！不難想像，當你實現理想感情，過著幸福一天時，那能量，是極為美妙的吧?!

2. 若一個腳本演了一陣子，沒感覺了，可以再挑選其他特質，重新編寫另一個腳本，這樣換換口味，也是可以的喔！

Q：幸福感情，到底何時才出現？

A：當你不再刻意尋找，生活的品質又能與幸福感情共振時。

同樣的，請再次將這個問題，在心裡多唸幾次，感受一下，背後的能量是什麼？是不是不相信？是不是恐懼？是不是孤單寂寞？

沒關係，請允許這些情緒出現，眼睛閉起來，好好的感受一下，請不要用「好不喜歡這感覺，快消失吧！」的態度來感覺它們，請你慈悲耐心的跟這個感覺說：「我願意感受這些情緒！」然後，誠實而不帶任何批判的去感受那些情緒。

來，試試看。

我在這裡等你，也會在這裡替你穩定能量。

（頂多幾分鐘後）

現在，是不是平靜多了，心量，是不是也寬闊了許多？

當心量變寬了，就能將心打開，讓愛自由流動。它，是將你帶回高振動頻率的最佳撇步。

幸福感情，到底何時才出現？

其實，我也問過這個問題，而且還問過好多回！在問這些問題時的能量，不是消極落寞就是激動不安，振動頻率都不會太高！在這種能量的驅使之下，我曾經像著了魔似的，想用力做些什麼，去讓幸福感情早點發生。比如說，發了瘋的想要「除掉」我不完美的地方，尤其是自以為阻礙我理想感情的那些缺點。你也許會想：「這樣很好啊！你那麼認真的讓自己變得更好，不是能將振動頻率提高很多嗎？」然而，這樣用力、努力了幾年之後，我才深刻發現，我那想要讓自己變得更好的作為，不但太過刻意，還無聲對著我的暗點大喊：「我不允許你在，也不接受你是我的一部分，你趕快離開我吧！」

那樣不願意接納自己「有問題」的我，後來都和什麼對象共振呢？就是那些不願意接納自己，又不願意打開心門的人們。而我不斷挖掘自己問題的能量，也同頻共振出更多愛情的問題，而被它們壓得喘不過氣來。每當碰到各種問題感到束手無策之際，我又不住的在心裡哀怨問著：「幸福感情，到底何時才出現?!」一個不討人喜歡的循環，於焉形成。

因此，我建議你，當你腦海裡又忍不住浮現這個問題時，請先藉由「允許出現」、「願意感受」，讓背後隱藏著的負面情緒自然淡去或消失。然後，將「真命天子一百個條件」及「幸福的一天腳本」拿出來，大聲唸個幾回。緊接著，馬上將「幸福的一天」用想像力，在腦海裡精彩上演一回。等你覺得自己的能量回升之後，就把這個問題放下。「繼續相信及信任」你的真命天子，會在最適當的時機，以超乎你想像的方式出現在你的眼前!你應該可以明白，重溫「真命天子一百個條件」，能幫助你更清楚的記得，自己真正要的對象是什麼模樣。它，能用來提醒你，不要在孤單落寞時，隨便對「怪桃」、「爛桃」、「豬頭桃」投懷送抱。而上演「幸福的一天」，有助於快速提升能量的振動頻率。

請千萬記得，不要因為著急與恐懼而刻意去做些什麼，就想加速這個等待花開的過程。這個想做什麼的種種努力，其實是不相信自己能夠輕輕鬆鬆、簡簡單單的就得到幸福感情。請將「如何及何時才能得到幸福」的這個部分，放手留給神通廣大、無所不能的宇宙及神明吧！我的經驗告訴我，你的人腦再怎麼用力想，也敵不過祂們的一個眼神、一個呼吸、一個拈花微笑啊！

當你全心專注在提高自己的能量振動頻率，並且熱情快意的過日子，最好就連你想與幸福感情共振這回事，都忘得一乾二淨。那個時候，你的真命天子，就會帶著你的理想感情來親吻你、擁抱你，讓你以溫柔的心甜蜜見證「愛的奇蹟」！

Q：如何確定我要什麼樣的感情？

A：詢問你的心，相信你的感覺，它們就會精準的引導你！

太棒了！你會問這個問題，或至少對這個問題感到興趣，我真是替你開心。這表示，你沒有被單身寂寞的日子給逼得狗急跳牆，也沒有被對愛情的浪漫憧憬給沖得暈頭轉向。

是的，在進入一段感情之前，先弄清楚自己想要怎麼樣的感情，是很重要的。你想得越清楚、越仔細，才能將自己的能量提升到位，再利用「同頻共振」的原理，創造你真正想要的理想感情。

舉個例子來說明吧！

假設，在你理想感情的天地裡，你希望和伴侶的溝通，是理性平和的，是溫和柔軟的，那麼，你就得發射出「理性平和的」、「溫和柔軟的」能量來，才能跟那樣的能量同頻共振。唯有如此，你開出的條件，才會成為現實！當然，這就代表了，你是否能注意到平常與人溝通時，自己有沒有表現出理性平和的、溫和柔軟的能量來。倘若，你自己的能量尚未到位——也就是，還做不到、還有待加油，那麼，你的理想感情就暫時不會出現喔！

另外，我們在意識上以為自己想要的感情條件，通常是家庭、社會給我們的既有概念，不但不見得是我們真正想要的，還很有可能是我們潛意識裡極度排斥的！比如說，我們的文化中「傳宗接代」的觀念，早就根深柢固到了DNA的層次，許多人都認為，一段理想的感情一定得生出男孩子，才對得起父母、祖先。然而，我卻經常碰到各種年紀的母親，在自我療癒的空間裡，坦白承認自己根本就不想要孩子。這個在潛意識裡「根本不想要孩子」的能量，不但是很強大的，更是無法掩飾的，不管是否明說，都深深啃蝕著這些母親的快樂，也造成孩子心靈很大的傷害。

以下分享的操作方法，就是設計來協助你深入潛意識，找到自己真正想要的，是什麼樣的感情！

來，找一個無人打擾的空間，拿出紙筆——當然，要用Word軟體，用鍵盤打字也行。請給自己十五到二十分鐘，寫出「為什麼」要一段感情。請不要花太多時間去思考，很直覺的，將腦海浮現的答案快速寫出來，可以不用是完整的句子，而是——讓愛流動、有個人陪伴……等等重點記錄。剛開始，也許會想不出來，或是出現極表面的答案，沒關係，一直在腦海裡問「為什麼？」「感覺是什麼？」——為什麼我想讓愛流動？為什我想有個人陪？愛流動的感覺是什麼？有個人陪的感覺又如何？

想不出答案時，請稍微勉強自己繼續寫下去，經驗告訴我們，大概在五分鐘之後，有感覺的答案，就會開始出現。所謂「有感覺」，就是讓你感到舒服、感到溫暖，或是——感動。你可以將有感覺的答案打個勾，在想不出其他答案時，回去將其中幾個有感覺的答案組合起來，並試著以完整的句子拼裝出來。組合或拼裝的答案，可以算一個新的答案。就這樣，來來回回，當你寫出——組合或拼裝——讓你感動得想哭的答案時，那，就是了！

是什麼？

就是內心深處出於歡樂的真正渴望——充滿感覺、溫暖、感動的要求。你可以將最後的答案再修順一下，多唸幾次，你會發現，你每次唸都好有感覺，彷彿文字本身就有高振頻一樣。

請記得，這讓你「感動得想哭的」感覺，就是一種心的能量，甚至，可以說是——

「愛的能量」。愛的能量，和你所有的感覺一樣，本來就來自於我們的心頭。要是你能藉由這個練習，喚醒心頭那份愛的能量，並且，經常保持那個振動頻率，就很容易與你想要的感情甜美共振！

Q：他，是不是我的靈魂伴侶？

A：只有你自己會知道，而這個你，指的是「心」，不是「腦」！

你知道，你爸媽是你的靈魂伴侶嗎？你知道，你家貓狗也是你的靈魂伴侶嗎？甚至，你老師、朋友，以及巷子口賣臭豆腐的阿婆，都可能是你的靈魂伴侶嗎？所謂靈魂伴侶，指的是你靈魂在天界（天堂）的學伴，扮演你輪迴轉世裡的親朋好友，並不限定是你的情人、伴侶。

不過，我明白你的意思，你其實想問的是：「他，是不是我的真命天子？」

是吧？

來，請讓我先反問你，如果我跟你說「是」，你就甘心定下，或至死方休嗎？若回答你「不是」，你就瀟灑離開，繼續尋覓？

我的經驗是，會問這個問題的人，多半暗自渴望對方「就是」真命天子。好玩的是，隱匿在潛意識裡的真正訊息，很可能是——「不確定自己是不是夠好」、「害怕被對方拒絕」、「對方是否願意和我定下來」。其中透露出來的能量，無非是想緊緊抓住一個「確定的」、「永恆的」、「不變的」保證。

然而，誰能保證些什麼永遠不變呢？

喔！對不起，我不小心講錯了！

敝人在下我，可以對你保證有一件永遠不變的事——而且是用力拍胸脯保證喔！這件永恆不變的事，就是——世間所有人、事、物，都一定會改變。

請注意，是「一定會」改變！

因此，當這個問題出現時，請檢驗一下自己，是否有恐懼自己不夠好、擔憂自己沒有價值的信念。若有，也請不用苛責自己，只要接受這個想法或信念會出現是OK

的；接著，再感受一下那恐懼、緊張、沒自信的情緒。慢慢的，你就能感到輕鬆平靜，而這問題的答案，也變得沒那麼重要了。

Q：王子公主從此幸福快樂？

A：它，不在地球，也不在人類社會，更不在你我心中！

只要是在地球的感情，一定會有所謂的「問題」，也就是〈前言〉所提的——在愛情的天地裡，充滿了許多迷思。正因為這些迷思，隨處充滿了挑戰，時時都有功課要做，可以說是一波未平一波又起。情況緊張一點的，分分秒秒都在分手或留下的邊緣徘徊——甚至——掙扎。

正因為如此，感情與關係，才是靈魂來地球學習，協助我們成長最快、最大的一門必修科目啊！藉由感情問題而生的情緒痛苦——委屈、不安、悲傷、憤怒，我們才能看見自己內心，哪個部分還不是愛？還可以轉化成愛?!

與其花時間精力去尋找這不存在的幻相，還不如誠實接受及勇敢面對，因感情問題而生的情緒痛苦——不管來自過去或現在！

儘管，王子公主從此幸福快樂的感情，只存在於童話故事裡，還是容許我從另一個角度，來提醒單身的你——

也許，你在理智上、在意識層面上清楚的知道，沒有所謂王子公主的童話愛情，但卻很可能在潛意識裡，馬不停蹄的追逐著這夢幻般的泡沫愛情。你，是不是感情一出現狀況或挑戰，就立刻認為——他不是我的「白馬王子」？我的「白雪公主」還沒出現？於是，你永遠將眼光放在下一個出現的對象，而忽略感受、疏於經營眼前這一段感情？

請記住，下一個，不一定會更好！

不但如此，還有可能都是一個樣！

為什麼會如此？

是因為你的運氣特別背？老天爺專門刁難你？

其實，是因為你在這段感情裡，該學會的沒學會——該認識自己的地方沒弄清楚，該愛自己的時候轉向他人，該接納自己的時候選擇迴避，於是，在懵懵懂懂之間結束了、分手了。不久之後，又被相似、甚或相同的人吸引，不斷重複與這段感情一樣的模式，像永世不得超生的輪迴一樣，沒完沒了！

我們，常常在不知不覺之中，用完美的超高標準來要求伴侶，只要他們犯了一點錯，我們就想丟下他們，火速從感情中逃離，就盼下一個對象能符合我們要求完美、卻不切實際的期待。

因此，就算你不信仰王子公主般的完美感情，也請你小心觀察、仔細留意，自己是不是用「白馬王子」的標準，來要求你的伴侶表現完美？是不是你的她不如「白雪公主」完美，你就覺得未來沒有希望？倘若，你現今處於單身狀態，只要回想一下之前的經驗；還沒談過感情的人，也可以檢驗是否也用相同的標準，來要求你的朋友同事，就能發現自己是否得了「王子公主病」！

也許，現在你還是單身，尚未有這些困擾，我還是要提醒你，先做好心理準備。童話故事裡的完美感情留在我們潛意識的餘毒，阻擋我們真誠敞開心來，去接受對方真實的樣子。你應該不難明白：**不願敞開心來，是因為害怕失望、恐懼受傷。這樣帶著害怕與恐懼的振動頻率，可是奇低無比的喲！**

Q：**對方適不適合我**？

A：交往看看就知道啦！

如果，我這樣回答，正在考慮是否與對方交往的你，會想丟書嗎？

「那就再繼續交往下去囉！」倘若，你已經開始與此人交往了，我會這樣建議你。

我，可是認真的，不是在耍你喔！

說老實話，我怎麼說，一點都不重要！

來，不妨閉起雙眼，靜一下心，深呼吸至少十次，讓自己的心情平靜下來，能量也穩定下來。好的，開始想像，你現在就要與此人「交往看看」，或「再繼續交往下去」……

然後，仔細感受一下，你現在的情緒如何？是輕鬆愉快的？還是凝重痛苦的？另外，也好好感受一下，此刻身體的反應又如何？有沒有痠、脹、緊、麻？感覺是舒適的嗎？

你，喜歡這個（些）感覺嗎？

你知道，只有你——你．自．己，才能決定對方適不適合你嗎？

說實話，這個對象之所以出現在你生活裡，讓你開始考慮這個問題，表示在某種程度上——通常是能量上，或靈魂的約定上，你們是「適合的」，才會相遇、來電、曖昧、交往……

那麼，為什麼想問這個問題呢？

交往中的你，是不是害怕受傷？遲疑是否進一步的你，是不是害怕被拒絕？面對感情，會出現這類的恐懼，是很正常的，請不用責怪自己：「怎麼沒有提高振動頻率？」

請允許這恐懼的出現，並且，以一顆諒解的心去感受它，以一雙慈悲的臂膀去擁抱它，千萬、千萬不要急著去改變它或趕走它。你會發現，不到幾分鐘，這恐懼就會自然消失或減弱。這個時候，你再問自己——不是問別人喔！請問自己的心：「他，適合我嗎？」

這最後兩段的提醒，以及稍早要你靜心去感受情緒、身體反應的練習，都是要請你從恐懼中獨立出來，**不要在恐懼慌張的時候，做出任何決定來。當我們感到恐懼——或被其他任何負面情緒包圍時，是不可能做出有品質的決定的！**

Q：他，對我有意思嗎？

A：溫柔而堅定的將心敞開，相信自己不會錯過任何屬於你的愛情！

我很想一言以蔽之：「他若是有意思，就會主動追求。」然而，這裡面有許多變數。每人追求的習性、方法、時間點不同，實在無法一概而論。比如說，你希望他每天傳簡訊給你，才表示他真的喜歡你，然而，他有可能打算先一週傳一次簡訊，不想一開始就先嚇跑你。你可能等到第三天，就下了結論：「他對我沒意思！」

有部很受歡迎的電影《他其實沒那麼喜歡妳》，其實就在探討這個大家都想解開的謎題。電影裡的基本理論，就是說若有名男子很喜歡你，一定會想盡辦法來追求你。換句話講，你會很清楚的感受到他的心意。很多年前，台灣播出的電視影集《慾望城市》（*Sex and the City*）有一集也在談這個。有名男子告訴其中一位女主角：「我們男人很簡單，要是喜歡一個女人，一定會想要立刻追求她、擁有她。」有一回，女主角和一名初次見面的約會對象吃晚餐，在分手道別的時候，他並未主動要求送女主角回家，只淡淡的說會再打電話給她。女主角以為對方沒有意思，就說：「沒關係，你可以誠實的告訴我，你對我不感興趣！」男子面有難色，遲疑了一會兒才說出真相：「我急著告別，是因為剛才吃的咖哩讓我想要拉肚子！」

我很能體諒，你希望我給你一些標準答案，讓你可以清楚的分析及判斷出來，他是否對你有意思。不過，我真心相信，不管我說的方法是什麼，都不會是絕對的真理，也很有可能誤導你而讓你判斷失誤。

因此，我建議以下兩種做法：

1. 直接問，不就知道了！

我會這樣回答。

然而，我很快看到，有人嘴巴囁嚅了一下，彷彿說了些什麼。

「什麼？」於是，我確認了一下：「啊！是不敢問？」

「不是?!」我重複著最後確認的說法：「是不好意思問？」

不敢問，或不好意思問，有什麼不同？

後面反映出來的，不都是——害怕被拒絕？

因此，這裡真正該問的問題，不是：「他，對我有意思嗎？」

而是：「我，為什麼害怕被拒絕？」

答案，其實在心裡，你不但早就知道，而且，一直都知道。

請閉起雙眼，深呼吸至少十次，安靜的向內心發出這個問題：「我，為什麼害怕被拒絕？」接著，全身放輕鬆來聆聽，你的心，要告訴你的是什麼？你，也可以請天使——或守護天使、神明、宇宙來幫助你，就看你相信的是什麼。請務必記得，當你真正靜下來的時候，心裡出現的第一直覺或身體感應，就是你的心（或祂們）要給你的答案，有很多時候，這些都會是引領你走出徬徨無助的祕密捷徑。

如果，你選擇了勇敢告白，不管對方給的答案是什麼——接受或拒絕，千萬不要懷疑你「值得被愛」的「天生權利」，也不用因此覺得自己條件很差，再也遇不到好的人來愛你。你的這位告白對象，只不過是和你約定好，以這樣的方式來幫助你，看到自己獨一無二的價值。你若能藉此真正看見，不管對方給的答案是什麼，都能加速實現幸福感情的過程！當然，對方的回覆勢必直接影響，甚至劇烈衝擊你的情緒。

然而，不管是開心或落寞，你都往前跨了一大步，不必再卡在原地動彈不得了，不是嗎？

2. 耐住性子，不要著急

著急，就是怕錯過機會，是振動頻率很低的恐懼。若感到自己忍不住著急了起來，請允許「怕錯過機會」的想法出現，同時包容的去感受那深層的恐懼。當恐懼自然消失或離去之後，你可以跟老天爺講：「我願意放下過去的信念，請幫助我有個嶄新的經驗！」這句話，就是將這個難題放手交給宇宙，也就是放掉緊抓著不放的厚重能量，能夠幫助你敞開心來，讓愛的能量流動起來。

接著，你可以在腦子裡輸入一個新的想法：「只要我的心打開，我不會錯過任何屬於我的愛情！」現在，你不妨回頭將「他，對我有意思嗎？」這個問題再唸個幾回，感受一下，隨之而來的心情和身體感受是什麼？你覺得那振動頻是高或低？好，再回來將這新的想法多唸幾次：「只要我的心打開，我不會錯過任何屬於我的愛情！」來，比較看看，哪一句話的能量振頻是高的？

當然是後面這句話，是吧！

請繼續待在這個高振動能量中，放下想要弄清楚的執著，開心熱情的過生活，甚至也對其他的機會敞開心扉。那麼，你的能量振頻不但將步步高升，還會將你變得魅力十足，桃花怎麼擋都擋不了呢！那個時候，如果他是你的，他一定會用他的方式追求你，讓你更加明瞭他的心意；倘若他不是你的，你也還有其他桃花可以好好選擇呢！

Q：愛情占卜，準確嗎？

A：敞開心，讓愛流動，就是最精準的愛情占卜。

坦白講，「道可道，非常道」。

老子在幾千前，就告訴我們：宇宙的真理，要是可以用人腦完全理解，或用人類語言解釋清楚，就不是宇宙的真理了。

我很願意相信，世界上——不，宇宙之中，一定有某種或某些方法，是可以準確的占卜出人的想法、意念、動態，以及情緒的。本書裡所列出來的問題，不就是一般人，最想透過各種占卜工具，尋求答案或指引的愛情問題嗎？

關於這個問題，小弟在下雖然不是極了解占卜，但有個淺顯的邏輯是這樣的，你不妨參考參考——

如果，有一樣占卜工具，可以將所有人事物，都事先神準的占卜出來，這個世界，應該不會有那麼多突發的危機吧?!更而甚之，若是每個人的命運，都是可以完全預知的，那麼，我們的人生不是少了很多可能性？甚至，還極其無聊？

未來，是一連串的可能性。

你此時此刻做出了不同的抉擇，下一個萬分之一秒，就會有所不同。因此，若將愛情占卜當做推算未來的算命工具，你，一定會大失所望！我猜想，你一定和我一樣，也曾經因此而失望——甚至哭喊、怨恨過，不是嗎？

我，就曾經狠狠將大天使麥克卡摔到地上，死也不肯撿起來。為什麼？因為，它不斷跟我講，我和某人的感情，是我今生的**Life Purpose**（天命）。這，讓我一直深信，我與對方將修成正果。後來，我與對方分手又要求復合，就在對方拒絕之後，我再度抽了那副牌卡，出現的竟然又是**Life Purpose**，於是，怒火中燒的我，就憤而摔牌……

其實，這幾年下來，我也試過不少占卜工具，仔細回想、整理一下，我發現一個極為有趣的祕密。在這兒偷偷說出來，請不要到處張揚，好嗎？

占卜，若用來檢驗自己「當下的能量狀態」，可以是很神、很妙的工具。我的經驗是，若能放開對它預言未來的期待，它反而更能精準測出你是不是需要調高振動頻率。若選擇滿溢愛與光的占卜工具——像是天使神諭卡，甚至，還能提供你心靈微調的大方向呢！

愛情占卜，準確嗎？

對已經懂得調高振動頻率的你來說，它，還重要嗎？

（我，眨眼微笑中）

註：天使卡就像塔羅牌一樣，但張數不如塔羅牌多，一副牌只有四十四張，訊息也充滿了天使溫暖的愛和光，不像塔羅牌有些負面尖銳的暗示。

Q：**如何運用愛情占卜**？

A：愛情占卜＝檢驗能量。

呼應前面一題，請在「用來檢驗自己能量狀態」的前提下，看待這個問題。記得，請放掉對它預知未來的期待。

如何有效運用愛情占卜？

1. 選對工具

建議你，最好選擇以愛和光為出發的工具，像是天使神諭卡。一般來說，我們多半在碰到感情問題時，才會想到占卜。這個時候，心情大都是不確定、慌亂、害怕、悲傷，這類的牌卡正向又溫暖，多少能夠撫慰你的心情，即時提高你的振動頻率。

2. 選對解讀者

為了涵蓋最多的可能性，一種占卜工具，通常都有很大的解讀空間。自己來解讀，因為很難對結果放手，極可能有失偏頗。若沒有預算請職業諮商師解讀，也至少請他人為你捉刀。就像和你的守護天使接通一樣，自己替自己收訊息，通常很難做到完全客觀。可以想見，是因為我們太在意結果了！當然，要是能找到一位慈悲又持修的諮商師，是再好也不過的囉！

3. 問對問題

若能以靈性成長及自我療癒的角度問問題，出現的結果，通常精準得嚇人。因為，我們每一個人都是靈魂，投身來到地球和肉身裡，藉由感情來修煉、進化。要是能從這個角度來問問題，天使和高靈們，都極樂意為你指點迷津。

來，給你幾個例子吧（以自行抽牌卡為例）！

「請給我三張牌，當做是給我的指引，協助我和某某某（就是你的對象）的關係，走向靈魂的最高至善。」

「我可以怎麼努力，學會什麼什麼（感情出現的狀況）後的功課？」

「我打算如何做（即將採取的行動，比如：對某人表白），請給我建議！」

舉個我自己的例子。

我的問題：「請給我一張牌，當做是我的指引，協助我和某某某的關係，走向靈魂的最高至善。」

抽到的牌：「熱情」、「愛自己」、「放手」。

自己的解讀：三張牌都要我將焦點收回來，放在我自己身上，好好愛自己，同時做自己有熱情的事，剩下的就放手交給更大的力量去安排。

精準的原因：當下的我，的確為了要讓我和對方的感情順利開展，花了很多心思在分析他的動機、思想、行為之上，而忘了當下的我，最需要對自己展現愛與關懷，藉以提高振動頻率。其實，最好的做法，就是做我有熱情的事，其他的，就交給宇宙去替我操心吧。

4. 願意改變

從我個人的經驗和對他人的觀察，要是問題問對了，解讀也客觀超然了，那麼，所得到的建議，百分之九十九都是實用的，而且極為神奇。倘若，你真的願意改變，也認真去執行「上面」所給的建議，對提高自己振動頻率而言，將出現令人讚歎不已的成效。

Part 3

挑戰

兩人確認情投意合，愛情正式進入一段關係——可以是一段感情，也可以是一段婚姻。每個人的每一段感情，在進了磨合期之後，註定要出現大大小小的挑戰。這些教人情緒高低起伏的挑戰，其實是來幫助我們「自我療癒」的。「療癒」這兩個字，聽起來可能很嚇人，對只想談個小情小愛、幸福美滿過一生的人來說，甚至十分刺耳。其實，療癒，就是成長，也就是改變。

很多人以為進入感情或婚姻之後，應該從此就過著幸福快樂的日子，就像王子公主般童話故事的愛情。因此，當挑戰出現的時候，很多人就覺得他變了、變得無法相處、無法溝通，甚至認為自己看錯了人、入錯了關係。在這個階段，我們通常會將焦點放在對方身上，想盡辦法去猜測、分析、評斷、改變伴侶的心態與行為，當衝突大到無法解決時，便用全力指責對方，說都是對方的問題、對方的責任。

請記得：愛情，是一面鏡子。在鏡子裡，「自己」內心深處的暗點，會一一浮現。因此，挑戰出現時，表示你的內心深處有某個地方，正需要你的關愛，請使用「允許出現」與「願意感受」，無條件的「接納自己」，而不是拿放大鏡糾出對方的暗點，硬要對方負責與改變。有意思的是，當我們自己因此療癒了、改變了、成長了，兩人的互動就會神奇的跟著改變。愛情，自然變得更有深度；兩顆心，也必然變得更貼近！

Q：如何知道對方真正要的是什麼？

A：每個人真正要的，是被看見、被聽見。

我的偶像美國媒體大亨歐普拉，曾經多次在電視上表示：二十幾年來，我訪問過無數人，發現每個人真正要想的，無非是「被看見、被聽見」！

根據我協助人們自我療癒的經驗，被看見，還可以延伸為「被視為是重要的、有出息的，換句話說，就是被認同」。而被聽見，更可以擴大成「被理解、被在乎」。當然，我們能夠將以上總括來講，每個人真正想要的，不過就是「被愛」。

然而，因為無限上綱了「愛」這個字，就出現了「假愛之名，行控制之實」的普遍現象。什麼是「假愛之名，行控制之實」？簡單來講，就是藉由某些作為，控制對方行為，讓自己得到想要的愛與關懷。事實上，這裡所謂的「愛與關懷」並不是真愛、真關懷，只是一種暫時性的情緒滿足，就算真的得到了，下次仍會千方百計想得到更多。而這千方百計，就是一種實質的控制，且巧妙的包裝於愛的糖衣裡。

舉個例子來說吧！

A小姐要求男友，在約會道別回到家後，傳個簡訊來報平安。依據平常經驗，男友大約會在半小時後抵達家門，並即刻傳簡訊過來。有一天，A小姐等了三十五分鐘，還沒收到男友簡訊，便開始胡思亂想，想像男友是不是出了意外，可能跑去把妹，或又和朋友去逛夜店。四十分鐘後，男友還是沒消息，A小姐就傳了簡訊給男友，問他到家沒？要他快回報平安。等了一分鐘，還是沒有消息，她又傳了簡訊去問，不放心，還打了電話。最後，在一小時之後，男友傳了簡訊回報平安。A小姐還是打電話，質問：「為什麼這麼晚才傳？你這半小時到哪兒去了？你不知道，我有多擔心你，萬一你出了什麼意外，我會很傷心耶！」

表面上看來，A小姐用「關心男友安危」這冠冕堂皇的理由，事實上，A小姐不過是因為沒有安全感，完全不信任男友，希望能夠控制男友，要他在半小時內回到家，哪兒都不准再去。A小姐口中的「什麼意外」，除了身體安危的意外，還包括男友去把妹、和朋友去逛夜店，甚至其他更多有關「背叛她」的想像意外。

控制，是因為恐懼。

這裡的恐懼，就是害怕被遺棄——怕自己不夠好、怕被視為不重要、怕被視為沒出息，而孤孤單單的被拋下。

因此，通常在無法控制對方行為時，我們就會想問這個問題：「我如何知道對方真正要的是什麼？」有趣的是，我們會將想控制的動機，隱匿在以下這些「愛的面具」裡：「我想讓他快樂」、「我想好好照顧她」、「我想讓他覺得貼心」、「我想讓她覺得感動」……

請別誤會，我並不是說，你不可以問這個問題。請客觀檢驗一下，當這個問題出現在腦海裡時，你的情緒是什麼？是不是不安？或是困惑？還是挫折？若出現的是負面的情緒，多半就是想要去控制對方，因為，你以為只要找到了討好對方的祕訣，就不用害怕失去，而感到不安、困惑、挫折了。

倘若，你真的是基於愛與關懷，想問問：「如何知道對方真正要的是什麼？」我誠摯的建議你，就直接、當面去問對方囉！只不過，也要提醒你，請務必敞開心來傾聽，只有這樣，對方才會覺得「被看見、被聽見」。

Q：如何有效溝通？

A：溝通，是傾聽、理解對方，不是為了達成共識而改變對方。

首先，請將「溝通，是為了達成共識」的概念放掉。因為，這所謂的共識，是雙方妥協後的產物，後面隱藏著「改變對方」的意圖，也就是一種想要控制結果的行為。當你想要控制結果，就不可能會有真正的共識，就算達成了所謂的共識，也只是暫時的情緒滿足而已。

請將溝通認定為「傾聽、理解對方的管道」，而這個傾聽與理解，完全不帶任何想要改變對方的意圖。若雙方都能做到真心傾聽與理解，心，才會真正打開；共識或解決方案，反而會自然出現。而這出現的智慧，不是讓彼此暗藏委屈的表面妥協，而是角度高到足以同時涵納雙方的真愛。

溝通，需要表達自己。表達自己，是為了被聽見、被看見。

溝通，之所以會淪為爭吵，通常因為感到被指責、被攻擊，而起了防衛或反擊之心。最後，形成了權力的角力戰。

如何讓自己被聽見、被看見呢？

1. 誠實揭露自己，即便是最脆弱、最無助的部分。
2. 說明自己的情緒。
3. 陳述自己的需求。
4. 只談自己。

來，舉個例子！

A小姐的男友，從約會一出現開始，就不停看手機，一會兒收電子郵件，一會兒看簡訊，一會兒又上臉書，讓A小姐覺得：男友並未認真聽自己說話，而感到生氣不已。

一般人的「溝通」，通常會變成這樣：

「你有沒有在聽我說話啊？你怎麼每次都這樣？好像手機才是你的最愛，你乾脆娶你的手機好了！」

這番話，不是溝通，而是指責。你不妨試著說出來，用手機錄音下來，自己聽聽看。你會發現，不管用什麼語氣來說，即便是最最輕柔的語氣，聽起來，都不舒服。因為，沒有人喜歡被指責。當我們感到被指責時，很本能的，就會高高豎起防衛心。

倘若，套用以上四個原則來說呢？

「我很怕自己說話的時候，沒有人願意聆聽，或是不在乎我說些什麼。小時候，我爸爸就是這樣，在我和他講話的時候，常常分心看電視。那個經驗，讓我覺得自己很不重要，也讓我覺得很悲哀。我真的很希望，自己能被傾聽、被在乎。」

也不妨將以上的話語，用手機錄音下來，自己聽聽看，和前者有什麼差異囉！

你，希望聽到哪種溝通的話語呢？

Q：怎麼幫助對方？

A：幫助對方的起心動念，是想改變、控制對方。

最近，接二連三有幾位客戶，因為感情問題，請Mophael接通指導靈，希望能幫忙指點迷津，走出情感的迷霧森林。不約而同的，到了最後，他們都問了這個問題：「我可以怎麼做，幫助他渡過困境？我知道，他也很痛苦！」

指導靈雖為愛與慈悲的化身，但都直搗黃龍的問他們：「你是不是在心裡某個角落認為，你們的感情問題，來自於他的處境。只要他的問題解決了，你們的感情就順利了、開展了？」

通常，客戶都啞然無言。

「有沒有想過，要是他不接受你的幫助，」老大們仍直言不諱：「如果你的幫助沒有效果，你是不是會感到失望、挫折、埋怨，甚至憤怒？如果是，這表面上**看起來像是出於關心及慈悲的幫助，後面的起心動念，其實是討愛，更是控制**。到最後，你沒得到想要的愛，控制不了事情的結果，就覺得受傷，甚至想去傷人。」

雖然透過Skype的語音諮商，我沒辦法直接瞧見客戶的面容和表情，但我很清楚、也很確定，他們的臉色非青即紫，而且耳根發燙！

你呢？是不是也將自己框在當局者迷的困局裡？甚至，深深耽溺其中，卻不自知？

請記住老大們的建議——

不要花太多心思在「幫助他人」上，先回到自己身上，好好愛自己、傾聽自己，理解自己、善待自己。唯有這樣，才能讓自己強壯，才能讓心量擴大、變寬。其他人、事、物，反而會神奇的跟著你的改變而改變。

這，就是所謂的「境隨心轉」！

來！我們再進一步想想看，當兩人感情出現了問題，我們立刻認為是對方需要幫助，是不是一種狂妄的想法？因為，這個幫助的背後，是沉默的期待對方做出改變，換句話說，就是認定問題來自對方，對方得負起責任。不妨回想一下，在動了想要幫助對方的念頭之前，你是不是正因為出現的問題而陷入某種程度的膠著，甚至感受到某種或一連串的負面情緒？

陷入膠著，就是一連串負面想法出現了，因此牽動高低起伏的負面情緒。請記得：**負面情緒出現的時候，就是自己內心深處需要愛與關懷了**。因此，請立即使用「允許出現」、「願意感受」，讓負面情緒自然的釋放，過去的傷痛才會得到全然的包容。你，可以不用知道自己為什麼會有這些負面情緒，也不用去挖掘過去曾有什麼傷痛。在這個重要關頭，你最需要的是被自己關愛、在乎、傾聽、理解。只要你願意這樣「接納自己的黑暗面」，就是對自己展現無條件的愛；療癒、成長、改變，會自然發生。

看到這裡，你有沒有注意到，感情出現挑戰的時候，真正需要幫助的，是誰？而你，真正能幫助的，又是誰？

Q：在感情中該如何展現自信？

A：接納缺乏自信的自己，讓潛意識來幫助你！

若我說，這問題之所以構成問題，是因為你「覺得缺乏自信」，應該是公平的吧?!

進入問題核心之前，想先提醒你：沒有任何人——甚至沒有任何靈魂是完美的，就連宇宙本身，都不覺得自己完美，才會創造出那麼多靈魂，體驗及顯化無限的可能性。由於，沒有誰是完美的，每個人一定都覺得自己某些地方不夠好。換句話說，每個人或多或少，都有缺乏自信的地方。正因為如此，當察覺自信不足時，請不要給自己貼上「我很自卑」、「我很沒自信」，甚或——「我真沒用」的標籤，將自己從這種「只要是人都會有的狀況」中，孤立出來，認為自己是異類、是少數，甚至——是卑微、是弱勢的。

我們，為什麼會缺乏自信？

它的核心是：「覺得自己不夠好！」

沒有人天生下來，就覺得自己哪裡不夠好！

覺得自己不夠好，是一種學習過的經驗；由於經驗次數夠多，而形成一種固有的信念。

那麼，這經驗從何而來？

多半是我們的父母親，或是其他養育我們長大的主要照顧者，譬如祖父母、保母、甚至兄姐等等。這些人，在我們年紀還小的時候，做了什麼，說了什麼，或，沒做什麼，沒說什麼，讓我們覺得自己是不足的，不管怎麼做，都無法得到他們的認可。也就是說，這些人與兒時的我們互動的方式，造成我們「覺得自己不夠好」的傷口，而在潛意識裡，偏頗的相信自己真的不夠好。這個過去的自己，因為沒得到想要的愛與關懷，形成自己受了傷的信念。

然而，這些信念，只是一個重複的想法模式，並不是真相，更不是真理。

因此，當感到缺少自信之際，請不要再像過去，要求自己立即展現自信——期望更亮麗、更優異的表現；或者，再度嚴厲苛責自己，只想快速改掉「自信不足的毛病」。

請記得，溫暖的接受當下缺乏自信的想法，你可以告訴自己：「我允許你沒有自信！我允許你缺乏自信的表現！」過去，那些讓你覺得不夠好的人，就是不允許你的表現不如他們所願，也不願接受你沒有自信的樣子，才會讓你形成這樣的信念。面對你「差強人意」的表現，他們就是不願接受，甚至企望你下次更亮麗、更優異；再不然，就是硬要你改進自信不足的問題。因此，不要再使用這一直傷害你的老法子了。你，都試這麼多年了，應該早就發現：它，一點也不管用吧?!

好！在溫暖的接受自己之後，再去感受因為缺乏自信而產生的負面情緒——也許是自卑，也許是挫折，也許是悲傷。你，可以柔軟的告訴這些情緒：「我願意感受你、擁抱你！你想待多久，都沒關係，我都會在這兒陪伴你！」說著，就請你誠心誠意的、毫無企圖的去感受它、擁抱它。所謂毫無企圖，指的是沒有想要改變它——要它離開或減弱。

其實，不只可以用來對待缺乏自信的方面，對於自己其他的不完美，甚至最脆弱的面向，都請你敞開胸懷，真真切切的接受。唯有無條件的接受每一個自己，才能找回對自己的愛，並再一次愛上自己。當對自己的愛足夠了、強大了，長年流浪在外的那個受傷的你，自然會找到回家的路，帶給你生命力與創造力。當然，也包括神采飛揚、自信滿溢的笑容！

Q：犧牲奉獻不是愛？

A：犧牲奉獻不是愛，而是低自尊的表現，也是一種被動的控制。

你一定有過這樣的經驗吧！也許是你父親，或母親，唉聲嘆氣的對著你說：「我為這個家犧牲奉獻這麼多，怎麼都沒有人體諒我？」回想看看，每每聽到這樣的話語，你的心情是什麼？感受到的情緒又是什麼？我問過好多客戶，一般都回答：「在很小的時候聽見這樣的話，會覺得很害怕，很擔心自己不夠乖、表現不夠好，讓爸爸媽媽失望透頂。後來，長大了之後，每次聽到這樣的『苦肉計』，就覺得很煩躁，很不想再聽到這些話！」

的確，小時候的我們，常常以自我為中心，認為是我們的表現，造成了父母的苦日子，深深感到害怕，深怕我們表現不好，就會失去他們的愛。另一方面，我們又覺得自己還是小孩，幫不上大人的忙，沒法子讓他們的日子好過一點。等年紀稍長，這份無奈與恐懼，就被隱匿在潛意識裡不願觸碰，而以「不耐煩」、「憤怒」來武裝自己，形成親子之間最遙遠的距離。

真愛，就像搭飛機時氧氣罩掉下來一樣，要先自己戴上，才照顧隨行的人。道理很簡單，若自己氧氣不足，思考不周、行動不穩，怎麼能照顧別人呢？散發出自我價值低、覺得自己不值得愛的能量，是沒有品質的愛，只會對他人造成負擔、不耐，甚至強迫、不解的感受……

將他人放在自己之前的愛，不是真愛，也不是有品質的愛。這名為犧牲奉獻的愛，背後藏有許多因低自尊、低價值的不安全感，更包裝著不信任、不相信的操控心態。這裡的「他人」，包括我們最親密的伴侶、父母、孩子。

Mophael有許多女性客戶都有這樣的表現，當聽到「先照顧自己，將自己放在最優先順位」的建議，她們第一個反應都是：「這樣不是太自私了嗎？」

於是，Mophael都會進一步建議她們：

1.每天允許自己犯一個小錯，比如說遲到、不化妝出門等等。把自己繃得很緊，就是怕犯錯的心態，背後有許多深層的恐懼。怕犯錯，就是怕失去愛。允許犯錯，等於告訴大腦：「即便犯錯，我還是值得愛。我是安全的，犯錯是正常的。」

2.每天給自己三十分鐘的私人時間和空間，做自己想做的事，不受任何人、任何事打擾。換句話，這半小時裡，沒有誰、或什麼，比你更重要。

3.有機會就允許自己像小孩一樣耍賴、依賴、脆弱，這是讓潛意識釋放情緒傷痛最棒的方法，也是釋放它自由的最佳工具。

Q：以對方為生活重心，是感情自殺？

A：每個人都需要真正愛自己，再將滿溢的愛流向他人。

以對方為生活重心，表面看起來，似乎是全心全意的關愛與照顧對方，好像很無私、無我。事實上，其後往往隱藏著覺得自己不重要的信念，甚至——不值得被愛的傷口。這，是振動頻率極低的能量，若外顯為柔弱的陰性能量，常勾動對方的罪惡感；若表現為強硬的陽性能量，就容易讓對方感到強大的壓迫感。最常見的例子，就是前一題所陳述的，父母以孩子為生活重心，所作所為都是犧牲奉獻，當不經意以言語或行為對孩子抱怨時，孩子就會覺得恐懼與無力，長大以後，更會因為父母年邁而感到罪惡自責，壓力如排山倒海而來。要是意識上沒有察覺，我們常常會將這個「以對方為重心的付出模式」，複製到愛情關係之中，就像是基因遺傳一樣！

事實上，沒有任何人，可以完全以對方為生活重心，而毫無微詞，因為，沒有任何人不需要關愛與照顧。因此，對接收的那一方而言，沒有任何人能經常被罪惡感包圍，或，總是被壓迫感控制。就付出的這一面來說，也沒有誰可以長期隱匿自我、壓抑需求而沒有怨言。**當付出與接收的能量失去平衡，感情就容易出現種種危機，輕則口角爭執，重則分道揚鑣！**

以對方為生活重心，不但是幸福感情的千古迷思，更註定是感情自殺！因為，每個人都需要真正愛自己，再將滿溢的愛流向他人。唯有這樣的愛，才是有品質的，也才不會在對方無法接收時，而感到內傷、挫折，最後，還讓愛完全變了質。我們再進一步想想，如果我們將「多出來的」愛付出了，若沒有收到回報，我們自己還是有足夠的愛，不會因此感到不平衡或失落。但是，當自己也需要愛的時候，我們卻以對方為優先，將愛給了出去，要是對方沒有好好接收，我們必然覺得很受傷，甚至會忍不住反過頭來，嚴厲的指責對方不是！這樣的愛，有品質嗎？這是愛，還是控制？

Q：感情一定要轟轟烈烈，才是真愛？

A：轟轟烈烈的感情，讓人心力交瘁，一點也不精彩。

我猜想，每個人對「轟轟烈烈」有不同的定義，或註解。

一般來說，大概是指感情大起大落、狂悲狂喜，甚至——打打鬧鬧、分分合合。另外，還有一種相近的說法，指向感情得歷經千辛萬苦、挑戰不斷，才能得到最後的幸福，就像——親情倫理大悲劇一樣。

然而，不管怎麼定義轟轟烈烈，其中，似乎都包含了激烈的情緒起伏，和爆炸的戲劇張力。其實，這樣的感情透露出「互相依賴」，或「對痛苦上癮」的高度可能性，不但一點也不精彩，更叫人心力交瘁。

互相依賴，指的是兩個人的潛意識還不願長大，更不願對自己的行為負起全責，藉由照顧對方而形成依賴，用來彌補自己缺少愛或不願療癒的地方。這個藉由給對方愛，期望對方給予相同回報的關係，就是互相依賴。根據李宜靜的《愛與性的奇蹟課程》，這很可能形成「互依上癮症」，藉由強迫性的愛與關懷，來填補內心深處的空虛。

對痛苦上癮，則代表身陷在無愛的關係中，誤將冷落、虐待、受傷當成愛，非但不愛自己到了以吃苦為樂的地步，還深深耽溺於痛苦之中，就像對藥物上了癮一樣，無法、或甚至不願抽身而退。

依賴或上癮，左想右想，上看下看，應該都不怎麼幸福吧！

話雖如此，這結論仍偏紙上談兵，理智上知道歸知道，要是哪天真的碰上了，大部分人依舊奮不顧身，如飛蛾撲火一般，用力「撩下去」。

不信，要不要來打個賭？

還是，你已經身在其中了？

假若，你已經淪陷沙場了，請不要氣餒，也不用害怕，這不過表示，你的靈魂勇氣非凡，選擇這樣的挑戰，為的是改變一直深藏在潛意識裡的舊習性。

Q：何謂相信、信任？

A：我們不信任的，是自己！接納自己不信任時，所有的負面情緒。

一段感情中，若沒有了信任，就沒有繼續下去的基礎。

這，是誰都知道的事兒。

我們常聽到親朋好友，對伴侶不信任的諸多抱怨。以前，我和許多人一樣，都會選擇站在朋友這邊，支持他的不信任，甚至，自以為善解人意的貼心好友。

在深度自我療癒、靈性開悟之後，再度面對相同的抱怨——很多時候，甚至來自於客戶，我則改以冷靜柔軟的語調問他們：「既然他這麼不值得信任，你可以選擇離開啊！為什麼，你還留在裡面呢？」

一片啞然，是我最常得到的回應。

這，不禁讓我思考一個問題：「我們不相信、不信任的，真的是我們的伴侶（或對象）嗎？」

還是，另有其人？

聰明如各位，大概早已猜到，我會建議，將指著對方的手指，調個方向，回來指向自己吧?!

沒錯！我們不相信、不信任的，其實是自己！

在很深的潛意識裡——甚或，靈魂的底層，我們不相信自己值得愛、不相信自己值得被愛、不相信自己值得幸福！這，才是我們不相信、不信任的源頭。這個源頭，並非我們的天性或性格，而是藉由經驗的不斷累積，逐漸形成的一個信念。

那麼，該如何相信、信任呢？

首先，請允許「不相信、不信任」的出現，請大聲但溫柔的告訴它：「我允許你出現！」接著，真心誠意去感受相關的情緒，且不帶任何想改變它的意圖。你可以對它說：「我願意感受你、擁抱你！你想待多久，就待多久，我會在這裡陪著你！」請一邊說，一邊認真感受你的情緒。

眼尖的你，一定早就發現，這「允許出現」及「願意感受」兩個步驟，出現於本書無數次！因為，它們是對自己展現無條件的愛最基礎、最有力的方法；也是療癒兒時傷痛最溫柔、最直效的工具。它們適用於所有負面想法縈繞、負面情緒糾纏的時刻——

當然，也包括因無法相信、不能信任，而湧現焦慮不安、恐懼慌張的當下。

相信及信任，來自內心深處的安全感。

只有對自己不相信、不信任的表現，展現無條件的愛與包容，我的潛意識才會覺得安全與安心。不僅如此，請對自己所有黑暗面，展現相同的體恤與包容。事實上，不安全感之所以存在，是因為經驗告訴我們，每當有負面想法或情緒時，父母及長輩都會不開心——這個不開心，被兒時的你詮釋成「不愛我」，因此，為了得到父母永恆不變的愛，他才會壓抑這些負面能量。久而久之，這個害怕不被愛而排斥、壓抑暗點的習慣，就形成了深深的不安全感，在親密的感情與關係之中，蠢蠢欲動、伺機而行。

特別值得一提的是：信任，是一個日積月累，甚至，累生累世的課題。這裡短短一篇的提醒，不可能協助你即刻達成目標。我們的靈魂，很可能已經歷經千萬個輪迴，學習不同層次的相信與信任。因此，請對自己有耐心一點，也對自己溫柔一些。

若你的不信任，源自於童年所受的虐待——不管是身體上的或心理上的，都誠心建議你，找一位專業諮商師協助你療癒。你的靈魂很勇敢，選擇了挑戰性很高的課題。有時候，若覺得無法繼續走下去，請記得，要不是你的靈魂夠勇敢，是不會同意這個設計的。請相信，你絕對有足夠的勇氣及智慧，帶領你走過幽暗的山谷。

當然，只要你願意，也可以請求守護天使的指引。

你的守護天使，一直都在身邊保護著你。

你，一點兒也不孤單！

Q：什麼是真愛？迷戀及投射又是什麼？

A：真愛＝無條件的愛。迷戀＝愛上想像的他。投射＝將他想成父母的分身。

真愛，就是無條件的愛。

一般來說，人世間的情愛——這裡，我們稱之為「世俗之愛」，都是有條件的愛。**有條件的世俗之愛，不代表就是低等的、原罪的**。事實上，「你不給我什麼，我就怎樣」的**世俗之愛，是靈魂藉由肉身學習，通往無條件之愛的必經之路**。

在地球上，唯一能稱得上無條件之真愛的，我個人認為只有寵物對飼主的愛，而這無條件的愛，很抱歉，我必須要說，大多數人類無法全然回報，只是單向的接收而已。為什麼動物可以做得到，人類卻做不到呢？因為，動物的「人我」（也就是意識）不如人類複雜，不會被過去的經驗所定義，也不會對未來感到恐懼。

沒錯，**因為過去受過傷，因為未來會改變，我們都只敢在有條件的狀況下，愛與被愛、付出與給予**。然而，這只是人類進化的一個必要的進程，無須感到心痛或焦慮，只要察覺它、接納它、擁抱它即可。

在愛情之中的「迷戀」，指的是最初接觸時，還不太了解（或不太敢了解）對方，自己在腦子裡，將對方想像成心目中的完美形象，藉著因此而生的情愫，滿足對愛情的幻想。必須要說的是，這，不是愛。就連世俗之愛，都搆不著邊呢！

至於「投射」，不單只發生在愛情之中。

愛情裡的「投射」，指的是將對象假想成父母的分身。每個人，在兒時與父母的互動中，或多或少，都會覺得受傷。原因是，心裡的那個孩子認為，父母表現愛與關懷的方式，不是他想要的，於是覺得不被在乎、不被理解、不被傾聽、不被善待。這，讓我們一直尋尋覓覓那份無法得到的愛，而將缺憾與痛苦投射到對象身上，在潛意識裡，不自覺的將他們視為父母的分身。

你是不是想問：「當初沒得到愛和關懷，是很痛苦的經驗，怎麼可能會想再複製這些傷口？」好玩的是，我們古靈精怪又極具聰明的潛意識，不但能夠精準認出這些父母的分身，更極度渴望改變他們。這樣一來，就能得到當初沒得到的愛與關懷，以為這樣就能完整無缺了啊！真理是，我們永遠不可能改變別人。因此，想改變對方的人，就覺得十分挫折，而被迫改變的人，又感到壓力極大。關係中權力的拉扯與抗衡，因此而生。

這樣投射的結果，總讓我們將焦點放在對方身上，認為是對方的言行，造成我們的痛苦與不堪。說句良心話，這些傷痛其來有自，但真正的源頭，絕對不是——請記得，我說：「絕對不是你的對象。」你，一直錯怪了這些「撩起你過去傷痛」的靈魂伴侶。這些傷口的真正源頭，今生來自於父母。你若相信輪迴轉世，我會說，它可能始於某一個、或好幾個前世；若相信宇宙太虛，我會推論，可能早在你靈魂誕生，從愛和光中獨立出來，一腳踏進無限未知之際，就形成了這「與愛分離」的傷痛。

如何看清「迷戀」與「投射」的幻象呢？

很簡單，就是誠實面對自己的想法與情緒，尤其是負面的想法與情緒！然而，這些負面能量出現時，又該如何是好？請記得使用「允許出現」與「願意感受」兩個步驟。看到這兒，我猜想你已經十分熟練了。

不是嗎？

Q：我，該跟他分手嗎？

A：不要在負面情緒翻攪的時候，做任何決定。

倘若，你的他（或她），對你施加嚴重凌虐——不論是肢體或言語的傷害，請立即與他分手。誠摯建議你，在付諸行動之前，先尋求專家或支持團體的協助，祕密擬定一個可行的計畫，在得到支持及後盾的前提下，堅決而乾淨的離開這段關係。

針對一般感情來說，這個問題骨子裡反映的是：你，不快樂，也不滿足。**我們的不快樂及不滿足，是發自於潛意識的傷痛經驗，絕不是對象而已**。有趣的是，大多時候，跟他一點關係也沒有。真的！你錯怪他了！因此，這個疑問出現時，請將眼光調個方向、手指也伸回來，放在自己的心上，允許這分手的想法出現，同時感受這想法後面的負面情緒。

很快的，你將會感到平靜，然後，再問問自己以下問題，並將答案寫下來：

1.和他吵架或起衝突時，我們的模式是什麼？
2.這個模式，是否與父母親起爭執的模式相似，或一樣？
3.若模式一樣（通常都是），我衝突或爭吵的方式，比較像爸爸，還是媽媽？
4.若較像爸爸，問一下自己：「爸爸對我表達愛和關懷的方式，是什麼？」還有，「小時候，希望爸爸再怎麼樣一點，就符合我理想爸爸的形象？」
5.若較像媽媽，問自己同樣的問題。
6.問自己：「我希望我的他，怎麼對我表達愛和關懷？」

7. 比對一下，你希望爸爸（或媽媽）對你表達愛和關懷方式，是不是和對他的期望有相似或同樣的地方？（通常，也都會有。）

8. 問自己：「我真正不滿的，是他、還是爸爸（或媽媽）對待我的方式？」

9. 請允許所有負面想法出現，並全然敞開心，去感受及擁抱相關情緒。

10. 請不要在負面情緒及想法出現的時候，做出任何決定。

好，現在，你是不是又更寧靜了一些？

若並不寧靜，請再重複第九個步驟。

若已經寧靜了，再問問自己：「我，該跟他分手嗎？」

假設，對於此刻出現的答案，你感到平和，那麼，就放手去做吧！

Q：不愛了、沒感覺了？

A：只有你的心，才能帶著你找到「屬於你的答案」！

如果，「真的」不愛了、「確定」沒感覺了，就跟你的他，好好坦白、好好商量、好好分開，再繼續下一段靈魂旅程。

很多時候，我們的不愛了、沒感覺了，是因為我們得不到想得的愛，或者，對方用我們不愛的方式，來表達愛和關懷，就像我們兒時的父母一樣。換句話說，我們將過去的負面經驗，跨越時空，「投射」在伴侶的身上。然而，我們的伴侶，並不是兒時讓我們受傷的父母。

始終，都不是啊！

來，請往前面翻，回到〈挑戰〉這部之前的問題：〈什麼是真愛？迷戀及投射又是什麼？〉複習一下。

接著，再找到〈我，該和他分手嗎？〉那題，再做一次文中建議的練習。

等感到平靜之後，才問問自己：「我真的不愛他了嗎？真的沒感覺了嗎？」

只有你的心，才能帶著你找到「屬於你的答案」！

最後，提醒你，假設你是因為「投射」，而離開一段感情，那麼，你的核心問題，還是一樣存在，若進入下一段感情，也一定大同小異！因此，請不要在有負面情緒的時候，做出任何決定！另外，就算你真的離開了，下一段感情又一樣了，也不用太難過。這，不過代表你還在學習某樣功課罷了，沒有什麼「成敗論英雄」的問題！

請不要以「結局是否完美」、「能否白頭到老」來論斷一段感情的價值。

Q：**父母反對我和他交往，該怎麼辦？**

A：先確定有沒有不被認同的傷口，讓你的內心帶你找到出路。

其實，不只是交往對象，只要我們想做的事，遭到父母反對，我們都不好受。從小，就是這樣了，不是嗎？

這個問題，表面上好像是受困於父母的威權，骨子裡，其實有個很深的傷口，那就是——不被認同的痛苦。當兒時的我們感到不被認同時，很本能的，會覺得自己能力不佳、表現不好，換句話說，就覺得自己不夠好，不管怎麼做，都達不到父母的要求。

為了不讓父母失望，再次觸動「沒出息」、「沒價值」的傷痛，我們一直戰戰兢兢、如履薄冰。小時候，我們擔心的是功課、比賽、品行的成績；長大了，就轉換成工作、社會地位、交往對象的選擇。**擔心，是希望父母認同我們的表現**。要是他們能以我們為榮，我們簡直就像得道昇天一樣，飄浮在被愛的天堂裡！

你應該知道，這，不是愛吧？這喜悅或成就感，也是一時的吧？因為，這次滿足了，下次呢？還要做出什麼，贏得他們的肯定與讚賞？這個得到認同的渴望，是不是個永遠無法填滿的大黑洞？

因此，父母反對你的交往對象時，請先當自己的父母，使用「允許出現」、「願意感受」兩個步驟，無條件的接納過去受傷的自己、同理兒時渴望愛的自己，完全沒有任何企圖，想去改變或修正他。

如此一來，你就能回到一個寧靜的空間，清楚確認一下，此刻真正讓你痛苦的，是父母反對你和他交往而已，還是一直以來，那個不被父母認同的陳舊傷口。根據我的經驗，當真正安靜下來之後，才能發現真正的傷痛，多半來自於童年及潛意識的傷口，而不是表面的事件而已。

想要真正的、徹底的解決這個問題，不是去和父母做表面的溝通，或者，仍舊暗通款曲、暗渡陳倉。最有效的做法是，回來接納自己有不被認同、低價值感的傷口，藉由擁抱及感受負面情緒，得到深度釋放及自我療癒。唯有如此，你才能釋放自己，讓自己自由，不再囚禁於渴求認同的黑牢裡，不見天日。

想特別提醒你的是，對於父母的反對，你若採取的是激烈的措施，請在情緒平靜的時候，好好問一下自己：「我是真的如此愛他？還是藉由這個父母反對的他，證明我是有價值的？或是，證明我是有主控權的？」

我想，你也應該清楚，要是答案指向價值及主控權，這段感情應該不會持久；你也無法在其中，得到真正想要的愛吧?!

Q：他劈腿了，我怎麼辦？

A：先愛受傷的自己，好好疼愛自己，再療癒不信任的傷口。

可以想見，你現在一定很受傷，許多強烈情緒紛亂起伏，叫你心亂如麻、慌了手腳！

來，請將雙眼輕輕閉上，深深的吸一口氣，再緩緩的將氣吐出來。再一次，深深吸氣，再緩緩吐氣。好，請這樣多做幾次。

此時此刻，你的心受傷了，也在哭泣。

想像一下，你將他圈在懷裡，請允許他盡情的宣洩情緒，這個時候，最能給他撫慰與後盾的，就是你了。請當他同理又慈悲的父母，好好的擁抱他，讓他安心安全的展現所有的感受。你不用說什麼，更不用做什麼，只要這樣靜靜擁著他，讓他哭、讓他叫，甚至──讓他鬧。

這時候，你的腦海裡一定會出現千萬個想法──受到背叛、沒有尊嚴、不再信任……這，是很正常的。記得，不管是什麼樣的念頭，無論正面或負面，都請你跟它們說：「我允許你們出來！你們都出來吧！」接著，再好好感受一下翻出來的情緒——憤怒、悲傷、委屈……這，也是很正常的。提醒你，請不要試著轉換它們，只想快速回歸中心或恢復平靜。你可以跟它們說：「我願意感受你們，擁抱你們，你們想待多久都沒關係！」然後，再一次，好好感受這些早就需要感受的能量。

請不要在情緒的當口，做出任何決定。也不要在一片混亂之中，企圖理出對策。這個時候跳出的決定或對策，都是沒有品質的，根本無法幫助你解決問題。請好好接納自己是個有血有肉的人，會深深受到打擊，也會慌張失措，更會被負面情緒淹沒。

等事件的後作用漸漸緩和下來了，不妨試著做以下幾件事：

1. 請以簡訊或紙條通知他，你需要一段時間，自己一個人冷靜一下。這，可以避免不必要的衝突，讓事情愈演愈烈，甚至做出讓人後悔的決定。
2. 投靠一位值得信賴的朋友或親人。這時候，你最需要親朋好友的支持。
3. 若情況允許，休幾天假。

4. 請反覆做以上「允許出現、願意感受」的練習，至少持續一週。

5. 若累了、乏了，不想做了，也不用勉強，請接受自己想休息的狀態，不用急著從情緒中超脫出來。

6. 若有預算、時間，可以尋求專家的協助。強烈建議，最好是能引導你回到內心、面對情緒的專家，如：心理諮商師、情緒諮商光行者等。

接下來的文字，請不要在情緒激動時閱讀。建議你，至少在持續「允許出現、願意感受」了一週之後，再回來試試看。

好，回到本書一開始所談到的「能量共振」。

劈腿或外遇，所牽動的核心課題，其實是「信任」，而不是背叛，更不是性。套進能量共振的原理，我們可以推論，你的「不信任」與他的「出軌」，產生了共振，於是，顯化了這個讓你既受傷、又感到背叛的事件。

信任，來自於安全感。

換句話講，你的不安全感，共振他出軌的可能性，顯化成所謂的實相。請不要誤會，我不是說這件事是你個人的錯，是你促使他出了軌。從我協助人們自我療癒的經驗看來，若在出軌上追究誰對誰錯，是無法根本解決問題的。要是只想找個人責怪，你將會錯過這個外遇事件所提供「療癒童年傷痛」的機會，也無法協助你察覺潛意識裡的「不安全感」，以及「無法或很難信任的習慣」。

來，問問自己：「我能再相信他嗎？」應該很難吧？而這，也是正常的。我之所以要在這兒點出來，是希望引導你更深入的去感受一下，這無法信任的能量，真的只來自出軌事件嗎？還是，有更久的歷史、更深的源頭？

只有你，能回答這個問題！真的，只有你，能回答！

如何再相信或信任？

建議你，複習一下〈挑戰〉這部稍早的問題〈何謂相信、如何信任？〉囉！

最後，再次提醒你——若無法立即相信、信任，也不用勉強自己。

請對自己溫柔一點兒，也對自己有耐心一點兒，接納自己所有的進度、所有的呈現，就能帶領你自然相信、安心信任！

那個時候，不單感情會變得順暢快意，就連整個人生都將快速動起來，讓你享受順流而下、輕鬆自在的得意生活！

Q：**遠距離戀情，行得通嗎**？

A：任何一種戀情，都行得通，也都行不通，就看你用什麼態度——不，最精確的說法，應該是用什麼能量——去體驗。

遠距離戀情，只是個名詞，不過是個標籤，之所以被喊出來，是「人我」用以迴避寂寞孤單——嗯，再說得露骨一點——用以閃躲面對自己的冠冕堂皇之詞。

很多人談感情，是因為要人陪、要人照顧，以為這樣朝朝暮暮、形影不離，就是愛。其實，這不是愛，而是依賴，甚至還可能是控制。依賴與控制，都是因為恐懼，因為不願一個人被拋在身後，才會緊緊跟著、牢牢抓著。**集體意識裡「遠距離戀情行不通」的信念，背後躲著「有了距離，容易變心」的焦慮，說穿了，不過是害怕失去、害**

怕分離、害怕被遺棄的漂亮包裝。

大部分人之所以害怕遠距離戀情，是因為鞭長莫及、不好控制，也是因為無法面對獨自一人的生活。不過，就我所知，也有人藉由遠距離戀情，閃開在感情中受傷的機會。這裡的遠距離，雖然指的是實體的距離，但也可能是無形的「心的距離」。這樣的心態，其實反映著諸多矛盾。表面上，可以嚐到「愛的滋味」，但其實心門緊閉，就怕再度受傷。

我個人就幹過這事兒，剛結束一段深刻的感情，受到很大的傷害，因為不想面對被翻出來的兒時傷痛，所以，每天掛在交友網站上聊天，而且專門找在地球另一邊的人來聊天。事實上，那時不但不了解「潛意識」，就連它的存在，也一無所知，只覺得胸口少了一大塊，空洞極了，就想找些什麼，將它填滿。於是，不願面對舊的傷痛，又害怕新的傷害；想有愛的感覺，卻又害怕捲進愛的漩渦。

有什麼，會比躲在電腦網路後打打嘴炮，更能滿足這虛實不定的迷戀？

不論是大陸之間的有形距離，或心與心之間的無形距離，都是用來保護自己的「安全距離」。你覺得，用這樣的能量去經驗那樣的感情，能行得通嗎？然而，遠距離戀人終成眷屬的美談佳話，我們也時而聽聞。因此，遠距離戀情，到底行不行得通呢？也只有你自己試了，才知道吧！

感情，最重要的是經驗，不是結果。它，是靈魂進化的學習程式。結束了的感情，不代表不圓滿；有結果的戀情，也不見得圓滿。再提醒各位一次：請不要以「結局是否完美」、「能否白頭到老」來論斷一段感情的價值。像我，透過一段遠距離戀情，看到自己迴避兒時傷口的習慣，就算過程起伏曲折，最後也未能終成眷屬，你能說這段感情沒有價值，或，行不通嗎？

要不是這段「未能修成正果」的遠距離戀情，我又怎麼能用這樣的能量，來穩定我們之間的磁場，讓你在這個空間裡，找到自我療癒的印記，將能量變得輕盈流動，好與幸福感情產生共振呢？

說到這兒，我忍不住撥了劉海，輕輕甩了用頭！

Q：**是他變了**？**還是我變了**？

A：親愛的，恭喜你，你的「愛情天眼」開了！

他，沒變，變的是——你，終於「願意看到」，他的「另外一面」了！請注意，我是說「願意看到」，而不是「看清楚」；而看到的，是他的「另外一面」，而不是「真正面目」喔！

最初開始一段感情時，我們常常「只願意」看到對方迷人之處，甚至還深深相信，這是讓我們墜入情網的所有因素。然而，當親密關係開始了，名分正了，婚戒戴了，才突然發現他有這個缺點、那個壞毛病，要不是驚異他演技爐火純青，足以獲頒奧斯卡金像獎，就是責怪自己眼盲心瞎，彷彿沾上了蛤仔肉！

事實是，你所謂他出人意表的改變，一直都有跡可循，而且，你的潛意識看得可清楚了。根據哈維爾・亨德里克斯博士（**Harville Hendrix**）在《相愛一生》（*Getting the Love You Want*）一書，以及我個人諮商時的觀察，**這些潛意識早就看見的「缺點」、「壞毛病」，才是感情裡真正的「致命吸引力」**。

致命，有兩個層次：

1. 很難躲得掉（也沒必要躲掉）

從心理學的角度來說，正因為這些負面性格，牽動著你父母或主要照顧者讓你受傷的過往經驗，才讓你無法不被吸引。那些你以為讓你墜入情網的正向條件，只是意識上願意看到的表相，也只是他的一個面向。潛意識看上的這些性格，才是讓你無法抗拒這段感情的幕後推手。我知道，此刻你一定大喊冤枉：「怎麼可能？明明知道會勾起傷痛的回憶，我躲都來不及了！」但其實，**我們潛意識之所以受負面性格的吸引，是因為想要改變對方，只因我們天真的以為：「只要改變他了，我就能得到兒時沒得到的愛與關懷，也就覺得完整了！」**

從靈魂學習的層次來看，每段感情，都是靈魂學習最多、進化最快的精巧設計。我們的靈魂，早在投胎之前，就同意了這些設定。既然是設定，就沒有必要閃躲——說實在，也閃躲不了！除非，學習目標達成了，其中的難分難解，才沒有繼續存在的必要。

2. 讓人痛苦不堪

沒有人喜歡改變，改變，讓人膽戰心驚、望之卻步。**想改變別人的人，通常是因為不願接受自己的黑暗面，不，更精準的說，是——不允許自己有黑暗面**。於是，這個抗拒將光照向內心魆黑角落的習慣，就形成了我在〈挑戰〉這部前面所提到的「互依」及「投射」。

我們，永遠無法改變任何人。我們，能改變的，永遠只有自己。

正因為一心想改變我們的伴侶，卻又無法改變，才會感到挫折不已。我們的伴侶，往往因此察覺我們的這個信念：「只要他改變了，我們的感情問題就解決了！」試問，誰能夠揹負這個重責大任？不要說「能夠揹負」了，誰會——「願意揹負」呢?!

被逼著改變的人，就像時時刻刻被電視實境秀的攝影機檢視著，總有人挑剔著這裡、看不順那裡。若改變時機還不到，或並非出於自願，不是出現極度反彈，讓問題愈演愈烈，就是完全鎖上心門，讓關係急凍直下。

於是，這誰想改變誰、誰不想改變、誰又該改變、改變不改變、怎麼改變、改不改得成……就形成了感情中的權力攻防、利益衝突，讓雙方痛苦難堪、心力交瘁。

好，明白這些「大道理」之後，「愛情天眼開了」，就是神聖美好的禮物。如何善用它呢？很簡單，只要將焦點收回來，放在自己身上。請允許因為「他怎麼變了」而生的負面想法出現，並且敞開心，無條件感受、擁抱自己所有的負面情緒。

慢慢的，你會發現，你的心渴望被傾聽、被在乎、被理解、被擁抱。換句話說，你的潛意識渴望得到療癒。但請千萬記得，能得到你的協助而自我療癒的，不是他，也不是他的童年傷痛，更不是你投射在他身上的你父母，而是——你·自·己。

因此，你能改變的，永遠只有自己！

除了自己，沒有別人。

絕·對·沒·有。

絕！對！

Q：我不是處女，他會看不起我嗎？

A：坦白說，我不可能知道答案。

但是，我會這樣建議你：若他會因此而看不起你，他對你的愛，不會是真愛。你，值得更好的對待。如果，他真的發自內心愛你，應該不會介意你是不是處女的。

我個人從二〇〇八年開始催眠諮商以來，就有人來信問這個問題，當時住在北美洲的我，差點沒跌破眼鏡。她，是一位二十五歲的女老師，說自己不是處女，在男友面前覺得很骯髒、抬不起頭來。一位大學畢業的高級知識分子，居然還有這陳舊保守的觀念，真的是遠遠超乎我的想像。

當時，我就是這麼回答她的——

如果，他真心愛你，是不會介意這個的。

後來，我陸續發現，二、三十歲的年輕女子之中，因為道德禮教而不敢，或不知如何享受性愛歡愉的，大有人在！就連自己最親密的性器官，都不曾仔細探索、觀賞、撫摸、取悅。問她們為什麼？大都回答說——好怪、好不習慣，甚至——好骯髒。

性，完全淪為男性控制女性的工具。它唯一的功能，便是傳宗接代。我當然明白，這是男性沙文主義的產物；也明白，這是女性身體及權益受到打壓的結果；再放大來看，更是地球陽性能量及陰性能量的失衡。

我衷心誠懇的希望，若因為不是處子之身，而遭受伴侶歧視的女性們，能勇敢走出那不平衡的關係。假設，你選擇留下來，繼續被歧視，我倒要建議你，回來反觀自己，是不是有「覺得自己不值得被愛」、「低自尊」的傷口或信念?!

若有，建議你，好好的傾聽、理解、在乎、擁抱你的潛意識。怎麼開始呢？每當覺得自己不是處女，感到自卑、痛苦、骯髒、抬不起頭來時，請「允許負面想法出現」，再「無條件感受負面情緒」！

Q：真愛，就是以結婚為前提交往？

A：以結婚為前提交往，是害怕失去。

聽說，這句話，是從日本偶像劇裡，開始喊出來的。而且，深深敲中了許多女子的心，還讓她們以為：「這是理所當然的。真愛，就應該是這樣的！」

真愛，真的應該是這樣嗎？

姑且不論：真愛，是無條件的愛，沒有多少人能夠完全做到。我們光來看「以結婚為前提交往」這句話，仔細玩味一下，它似乎是在告訴我們：「若不以結婚為目標，一段感情，就連開始，都不願意。」表面看起來，好像是對愛情很認真、很篤定，其實，後面真正映照出來的，還是因為怕失去或被遺棄，而出現的控制行為，只不過用浪漫的語言包裝過，聽起來好聽點兒！

如此，而已。

一段感情真正的價值，不是有沒有結果，也不是能否走進結婚禮堂，從此白頭偕老！結了婚，仍有可能離婚。離了婚，也不代表是失敗，反而可能是解脫。那麼，設下這個前提的意義是什麼？藉由一段感情——不管是風或雨、是甘或苦，我們都更加能理解自己、療癒自己，進而再一次的——愛上自己，確認自己的價值來自於內心深處，而並非求諸外界、待人垂憐。如果，一段感情能讓我們找回這些，結婚與否，有那麼重要嗎？我個人反倒覺得，若感情的世界裡，兩人都能好好愛自己，便能好好做自己，完全發揮真實的潛能，那麼，所謂的有結局——包括結婚，是必然的結果。

最後，我要說的是，若兩人的靈魂早就設定，要藉由一段感情達到進化的目標，就算你理智上告訴自己，如果不以結婚為前提，我就不開始這段感情，還是很難做到說放就放。不信，你試試看！看你是不是能躲得掉，靈魂之間所設定的磁性。什麼是磁性？簡單的講，也就是吸引力。

努力試試看，請將結果回報給我。

我，祝你好運！

你會需要的，相信我！

Q：婚前性行為，不好嗎？

A：婚前性行為，沒有不好。不好的，是讓你這樣相信的那些人。

那些人，基本上是在告訴你，你應該何時性，與誰性。說穿了，背後的能量，還是控制的能量。人，為什麼想控制？是因為感到不安與恐懼。那些想控制你的人，多半是因為害怕失去你。

換個角度來講，假設，你是公司老闆，打算應徵工作人員，一定希望應徵到的都是有經驗的吧？性，也是一樣啊！我們越有性經驗，性行為才會越熟練，過程才更令人享受，不是嗎？假若，所有性行為，都只能在婚後才發生，我們怎麼練習？又怎麼熟練？搞不好，連兩人的性能量合不合，都不知道呢！若婚後才發現不合，又該怎麼辦呢？離婚嗎？外遇嗎？另外，感情的天地裡，兩人的個性，得相處過、磨合過，才清楚能不能繼續走下去，或走得多遠多久，有沒有可以彼此配合、調整的。

那麼，性為什麼不可以？

為什麼，要用這麼有色的眼光，來看待性呢？

《與神對話》（*The Complete Conversations with God*）的作者尼爾・唐納・沃許（**Neale Donald Walsch**）說過：「上帝要是不准我們享受性，就不會給我們性器官啊！」是啊！給了我們這些玩具，卻不准我們玩，或限制我們何時玩、與誰玩、如何玩，不是很不合理嗎？

倘若，你已是成年人了，就請將自己從性的束縛中，解放出來吧！性，就像各種美食佳餚，應該由你來決定，想何時吃、想怎麼吃、想與誰分享才對。

一切，都應該是你的選擇！

也只有你一個人，可以選擇。

Q：我，可以用吸引法則改變他嗎？

A：你，希望被吸引法則改變嗎？

現在，請深呼吸至少十次，讓自己靜下心來。然後，想像你連結上了我的能量。再用你的想像力，觀察我的五官，眼睛、眉毛、額頭、頭髮、雙頰、鼻子、下巴，然後，停在我的嘴巴上，好好讀我的唇。

有沒有？

有沒有聽到，我在無聲但有力的回答你——

「不可以！不可以！不可以！」

不只是吸引法則，不管你用什麼工具，都——不．可．能！

因此，不要白費力氣，得不償失。

道理，很簡單。只要立場對調反過來想，就能立即明白。

假設，你的男友，向宇宙許下願望，希望你不要穿迷你裙、不要化妝、不要和其他男子出遊。然後，他每天打坐發功，想像你穿得很保守、很乖，看到其他男人，也不看一眼的「美好景象」。你認為，你就從此傳統、聽話、受控制嗎？好啦！假設，你男友可以藉由吸引法則或其他任何方法，讓你在不知情的狀況下，行為或觀念突然有所改變，你，難道不覺得可怕又恐怖嗎？

我是不知道你啦！如果是我，會很害怕耶！而且，我會怕得逃之夭夭呢！

在感情裡，你希望被改變嗎？

而且，在你不知情的前提之下，「作了某種法」，讓你莫名其妙改變？

你，真的願意嗎？

難道，你不希望，你的伴侶接受你本來及所有的樣子嗎？

得到答案後，你，能不能將心比心？

不難想見，你心愛的他，希望得到的，也和你一樣吧?!

最後，再提醒你，想要改變別人的人，是因為想要控制，而控制往往是因為不安全感及恐懼。要不要藉此機會感受一下，你在不安什麼？又在恐懼什麼？請記得，在感情裡有不安和恐懼，是很正常的，與其將焦點及能量放在改變對方上，不如回來允許自己有相關的負面想法，同時，溫柔敞開心，對自己展現無條件的愛與包容，好好感受及擁抱出現的不安與恐懼！

加油，你做得到的！

因為——神力，就在你手中！

Part 4

療癒

愛情之中，有個隱性的設計，是一般人看不到的——很有可能，是不想看到的——「分手，是再度愛上自己、與自己談戀愛的大好時機」。當然，在那之前，分手的心痛、不捨、憤恨、悲傷，必須先釋放。因此，我將這個階段稱之為「療癒」。療癒，不同於醫學上的治療，不需要動刀用藥、對抗病魔。療癒，是接納自己的不完美。它對自己投射的能量，是無條件的愛、無止境的包容。

分手，是因為我們在伴侶身上，得不到想要的愛。由此牽動的傷痛，並非源自分手本身，而是「內心小孩缺少愛的暗點」再度被刺痛。大多數人在這個階段，不是傷痛得難以承受而企圖挽回舊愛，就是轉移注意力快速展開新戀情。這樣一來，等於在不知不覺中讓舊戲重演——將早該向內收回的能量，再度向外投射在他人身上，錯過自我療癒的大好時機。內心小孩，就是兒時的自己，也就是潛意識。過去我們被愛或不被愛的經驗，都儲存在這裡。當兒時的自己覺得不被愛、不被理解、未被善待，就覺得受傷，而在暗地裡決定我們愛情或恐懼的本能、控制與討愛的模式，溝通與封鎖的原型，甚至，受傷及療癒的習慣。

這裡的自我療癒，照顧的不單是情傷而已。分手的情傷，只是成年意識表層的傷痛，並非真正的源頭。分手的情傷，其實是一道照亮潛意識傷痛的光。讓它發光發熱、照見暗點的方式，就是「允許出現」、「願意感受」，而非與之對抗、將它消除！若能長期使用，你就能清楚體現前述的美妙設計——分手，是再度愛上自己、與自己談戀愛的大好時機！結果是，振動頻率因與自己熱戀飆升，共振出嶄新的幸福，與舊愛的傷痛歷史也不再重演！

Q：如何面對分手的心痛？

A：心理學家榮格說：「若想得到療癒，你必須先感受情緒。」

這個問題，問得很好！它之所以好，是在問題中，便直接而清楚的點出了答案。問題不是問：如何「移除」、「跳過」，或「療癒」；而是問：如何「面對」分手的心痛……

面對心痛——其實，不只是失去摯愛的心痛，只要是負面情緒，人類的本能反應，莫不是壓抑、逃避，或抗拒。我猜想，甚至有不少人，多麼希望在問這個問題的瞬間，那種撕裂心肝的劇烈痛楚，就能隨即消失無蹤。或者，期待從宇宙任何一處，尋得一瓶神奇的藥水，在大口喝下去之後，忘記捶胸咆哮的衝動——最好，還能煩惱全消、生龍活虎！

「若想得到療癒，你必須先感受情緒！」

這，是極為靈性的心理學家榮格的真心提醒。

我個人認為：

它，是宇宙的真理，更是自我療癒「最有效」的方法。

所有負面情緒——包括分手的心痛、憤怒、不甘心，都必須直接面對，才能真正得到釋放。其他任何藉由外在形式或儀式，聲稱能替你消除、減緩，甚至治癒心痛的，都不會、也不能讓你迴避面對這痛苦。因此，我再強調一次，唯有直接面對負面情緒，才能得到徹底的釋放，自我療癒的效果，才是扎實而持續的。

如何面對失去摯愛的心痛？

你現在就可以做的，不需要假他人之手的，即是本書再三強調的，兩個簡單的步驟——

1. 允許出現

對排山倒海而來的負面想法和情緒說：「我允許你出現！」並真的讓它出現。

2. 願意感受

對出現的負面情緒說：「我願意感受你、擁抱你！你想待多久都沒關係，我都會在這裡陪你！」接著，不帶任何改變它的意圖，慈悲溫暖的去感受、擁抱，以及陪伴它。

當然，若是有預算，也有時間，想請專家協助你向內心探索，更深、更清晰的認識自己，終止所謂「愛的模式」——說穿了，就是「受傷的模式」，也是很棒的選擇喔！不過，還是得囉嗦一句，請找那些鼓勵你、協助你，直接面對情緒的專家。要是你遇到某位「老師」告訴你，可以幫你移除心痛，或斬斷感情業力的，我的建議是——

快逃！而且逃得越快越好，逃得越遠越好！

好，當面對及釋放了情緒，還要提醒你的是——

你此時此刻所感受到的心痛，是過去所有心痛的總合，不僅是這一次的分手、這一回的心痛而已。換句話說，這次的「打擊」，勾動了過去所有相同、相似、相關的記憶，而翻攪出過去所有不曾面對的相關情緒。這個過去，以今生來講，指的是童年；以靈魂輪迴的經驗來談，還包括諸多前世。甚至，還可以追溯到靈魂誕生，從一片太虛——也就是從愛與光分離出來，成為獨立個體的一剎那。

因此，**每一次分手的心痛，都提供我們一個自我療癒的機會**。只是，過去，從來沒有人告訴我們這個真理，也沒有人教我們如何面對心痛。正因為如此，這心痛，才會一直輾轉累積到現在，藉由這次失去摯愛的衝擊，一併爆發出來。

倘若，你選擇面對這回分手、這次心痛，不但可以一舉釋放這千年能量，還能因此療癒內心小孩，走出我稍早所提到的「受傷的模式」。

Q：該不該挽回舊愛？

A：分手，提供你一個機會，將失衡的能量收攝回來，好好愛自己。

一般來說，你和伴侶分手了，極有可能是能量不合。所以，分手，是必然的結果。從這個角度來看，不見得是一件壞事。當然，也很有可能，是兩人靈魂約定要做的功課做完了，或至少告一個段落，才會分道揚鑣。然而，有沒有可能——分手，只是暫時的安排，讓能量各自獨立、完整；待時機成熟，再重新會合？

看到這裡，有沒有人認為，上面那一段說的不是廢話。有說，等於沒說?!

哈哈！我就是要故意凸顯出來，此時此刻，你的「人我」，還陷在強大情緒的漩渦裡，糾葛迷迭；出現在腦海裡的，一定是千頭萬緒，甚至紛亂不已。這個時候，並不適合下任何定論，更不好做出任何決定啊！

強烈建議你，即刻將面對負面情緒的壓箱寶拿出來使用。

很好！在「允許出現」、「願意感受」，心情恢復平靜祥和之後，我們再一起來思考這個問題。

來，請再深呼吸至少十次，落實此刻包圍自己的靜謐優雅。

再來，問問自己：「為何要挽回這段感情？」

是因為對方，的的確確是你的理想情人？

還是，因為你承受不了失去的傷痛？

大部分的人，想要回到舊愛身邊，是因為後者——這，並不是一個很健康的理由。

因為能量不合，就是不合；再回去，只是重複同一個惡性循環——不合而分開、太痛苦、受不了而復合、還是不適合、又分開……我聽過太多這樣的故事，自己也有這樣的經驗。而且，不止一次！

有很多感情，是來教我們——勇敢分手、捨得分手、好好分手的。

重點是，你能不能從分手的心痛裡，將眼光調回自己身上，給肝腸寸斷的自己無條件的愛與關懷，接納並包容自己會傷心淚流，也會憤怒不爽，更會感到孤單可憐。

過去在感情中，也許你和好多人一樣，常常不由自主的以對方為重心。因為害怕失去，一次又一次委屈自己、配合對方，忽略了自己也需要愛與關懷。再不然，就是一味渴求、或苦苦等待對方給你愛。要是他給的不是你要的，或他給不出你想的，就黯然神傷、糾心鬱悶，覺得自己不被理解、不被在乎，甚至——極度卑微、沒有價值。

分手，反而提供你一個機會，將失衡的能量付出，收攝回來，好好愛自己，調高振動頻率。只有這樣，你才能從「受傷模式」或「互依模式」中，找回陽光燦爛的自己，與更多的可能性同頻共振。這裡所謂更多的可能性，當然，也包括與你的舊愛「破鏡重圓」。只不過，請千萬記得，不要為了挽回而挽回！**挽回舊愛，透露出來的，是不甘失去的匱乏能量；也隱約輻射著，不願接受事實的抗拒能量**。

不管是哪一種振頻，都無法與幸福感情的能量共振啊！

來，趁著此刻，不妨走到鏡子前，好好看著那個一心只想復合的你，然後問問自己：「你，會想和鏡子中的他交往嗎？」如果，連你自己都不想和這樣的能量共振，又有誰會想呢？要是對方真的回頭，和這樣的能量共振，可不可能創造出嶄新的幸福感情？

答案，很清楚，是吧！

感情傷痛，是一時的；面對它，的確不容易。不過，你若可以跳出過去舔舐傷口、顧影自憐的舊習慣，便能與帶著美好能量而來的男男女女同頻共振，甚至，顯化一輩子相愛相守的幸福感情！最棒的是，這方面的能量顧好了，人生其他層面，也會跟著一帆風順。那時候，你會覺得生活中有諸多小巧合，帶來諸多好事、好人、好運道！因為，你的能量和宇宙相似，宇宙會站在你這邊，做你最堅強的後盾。

最後，簡單替所有「想挽回舊愛」的人，整理出以下要點：

1. 莫因為承受不了失戀之苦而回頭，因為，只會重複更多分分合合的惡性循環，折損靈魂。
2. 與其將能量放在挽回舊愛上，不如收回來，提高自己的振動頻率。
3. 心痛，是很正常的。因此，當心痛來襲時，請告訴自己：「我接受已經和情人分手的事實。」然後，允許所有負面想法出現，並感受、擁抱隨之而來的負面情緒。這，可是釋放負面情緒，最好、最強效的方法！

4. 負面情緒消失後，可以試著做下面的「我喜歡、我感謝、我原諒」的練習。

5. 每晚睡前，請做以下我分享的「真正愛自己」練習。

6. 有空就看著鏡子中的自己說：「我好愛你，我真的、真的好愛你。」還有：「你很安全、心安，宇宙愛護你、照顧你、指引你。」（若在沒有鏡子的地方，就將文字中的「你」換成「我」，輕輕對自己默唸。）

✿ 練習一：我喜歡、我感謝、我原諒

現在就開始，拿紙筆出來，或在電腦上打字也行。在「我喜歡」的標題下，寫出你對前伴侶的喜愛之處。比如：

「我喜歡望進他綠色的眼珠，看著他細緻的、美好的臉孔，輕輕觸碰他柔軟的唇。」

「我喜歡和他手牽著手在街上行走，對全世界宣告我們的愛情，驕傲、光榮、開心、喜悅。」

「我喜歡和他交換心靈成長的經驗，在星空下談心。」

在這個過程中，請認真去回想，你的前伴侶有什麼優點，是深得你心的。我知道，一開始很不容易，但稍微勉強自己繼續，就會慢慢變成真心的回憶。（什麼！瘋了嗎？我已經被對方弄得這麼傷心、生氣，還要我稱讚他？）這樣做，是告訴宇宙，你喜歡的是什麼，專注在自己想要的、喜歡的事情上，藉由吸引法則同頻共振的原理，與宇宙早已為你準備好的幸福感情共振。你會發現，一旦進入狀況，就有重新墜入情網的感受，好像你們才剛剛愛上對方。相反的，若習慣耽溺在憤怒、傷懷，只會與更多類似的負能量共振，讓情況更糟、更不堪。甚至，對生活中其他的領域，也造成負面的強大衝擊。提醒你，這裡說的喜歡，就是愛，是振頻很高的能量。以愛得愛，符合自然法則——愛的法則，是吸引法則的另一種說法。

接下來，在「我感謝」的標題下，找出對方所作所為中，讓你真心感謝的事項。例如：

「我感謝他對我寫作事業的支持，替我和譯者、編輯交涉，保護我、為我的利益做最大的考量。」

「我感謝他，用他的財務天分，替我們創造更多的財富。」

「我感謝他一肩扛起經濟重擔，讓我可以安心創作。」

感謝，也是高振頻的正能，能讓你與更多值得感謝的好事共振。將焦點集中在這裡，可以快速轉換你的磁場，將想要的感情、好運變成現實。寫出每個事項之後，請回頭一項、一項的看，仔細回味事發經過，以及當時心頭的感受。重新將當初的感動、溫暖與窩心，帶回此時此刻，並且，好好記住那個感覺，再真心以感謝回應。我說的，是真心的感謝喔！假裝，只是浪費時間。

最後一個階段是「我原諒」。

現在，你的心情不但平靜下來了，更有充滿愛的感覺，好像熱戀之中一樣的能量。請你在心中想著對方的臉，真心告訴他：「我原諒你，謝謝你幫助我成長，從今天開始，我們之間只剩下愛的能量，其他的，我全部都釋放。我釋放你自由，你自由了，我也自由了，因為，我已經原諒了你！」

你不一定要當面跟對方說，只要在心裡真心真意的原諒便可。（他傷了我，我還原諒他？太愚愛了吧！）請記得，原諒對方，不是為了愛對方，而是為了愛自己，唯有如此，你才能放掉「氣對方」、「傷對方」的負能量，也因為放掉了它，你才能成長，才能挪出空間，讓正面的能量進來心中，並且，經常保持在高振頻之中，讓自己的生活、感情、人生，變得開心美麗、順暢如意。所以，這不是他在幫助你成長，是什麼？

✿練習二：真正愛自己

請於晚上刷牙洗臉之後、上床之前，看著鏡中的自己——最好將浴室門關起來、鎖好，以避免被干擾，產生尷尬窘境而影響效果。好，看著鏡中的自己，直接看進雙眼裡，喊出自己的名字，告訴自己今天有五件事是你做得很棒的，就當做誇獎你同事、朋友或小孩一樣，大方開口說出來。重點是，要真心並帶有感情的「說出聲來」。剛開始，你多少會有些難為情，這很正常，只要多加練習便可。記得，誇獎自己時，請仔細描述事件的細節，最好連感覺、心情都加進來。

以下是我的示範：

Mophael，你今天早上靜心坐了將近一個小時半，雙腿都盤了起來，充分展現你身體變柔軟了，心也比以前更靜了。起坐後，你的容光煥發、能量很好，而且，笑容維持了一整天。當負面念頭一出現，你的意識之光都保持清醒，允許它們出現，同時也願意擁抱負面情緒。你在心靈成長上，又往前跨了一大步。你真棒！我好替你開心。

Mophael，你今天分享了「真正愛自己」的新發現，用細膩的文字和實例，帶領讀者更進一步「成功愛自己」，幫助了好多需要重拾自信心、需要和自己好好相處的朋友。你真是無私，也展現了大愛，我真是以你為榮。

每一天，請想出五件事，寫在小紙條上，提醒自己。記住，不一定非得是什麼了不起的大成就，可以是任何事件——也許，你覺得自己好好吃了一頓早餐、騎單車去上班、認真替垃圾分類、跟鄰居打招呼……都可以。最後，很老生常談的強調，請加進濃烈的感情，以及生動的感覺。如果，只是表面空洞的說說，效果不大，只是浪費時間而已。

當五件事陳述完畢，喊著自己的名字，並請以這個句子當結語：「我真的、真的好愛你，你很棒、很棒耶！」

同樣的，充滿感情，是絕對的關鍵。

Q：一個人面對孤單？

A：孤單，其實靜靜訴說著一個——甚至，多重傷口。請全心接納與愛分離的自己！

「孤」及「單」這兩個字，各自透露著「一個人」的意思。孤單兩個字同時出現，就疊成了感情話題中，讓人倍感寂寥、酸楚的情緒。有很多人，因為不願承受孤單的感覺，所以不喜歡、甚至沒辦法自己一個人獨處。於是，就向外尋找，甚或緊抓著所謂的「陪伴」不放。

孤單，對這些人而言，很有可能被簡化成是：需要一個新朋友、新伴侶、新感情，甚至是——新的生活、新的人生。

你，一定也有這樣的經驗吧！

新朋友有了，新伴侶、新感情也找到了，更而甚之，就連生活、人生都改頭換面、推陳出新了，卻仍然在午夜夢迴時，深深感到孤單。有時候，就連人群簇擁之際，卻依然被自己孤單的影子灼傷。就是，忍不住！

孤單，其實靜靜訴說著一個——甚至，多重傷口。

我們之所以感到孤單，並不只是希望有人做伴。要人陪伴，只是表面的意象。**若真的探到骨子裡，其實是害怕自己一個人。再清晰一點的勾勒，其實是我們不想面對自己內在的傷口**——可能曾經與愛分離，曾經被拋棄過，曾經不被理解、不被在乎，曾經被視為不重要、沒出息的傷口。因為，我們不喜歡憶起這些負面經驗，也不願再捲進負面情緒的後座力，所以，我們將眼光投向外在世界，說服自己「因為孤單，所以想找人陪伴」。

正因為如此，即使終於找到那項缺少的元素，孤單卻依舊盤踞心頭，而且威力絲毫未減。

孤單，不需要、也不可能被外在的東西填滿。

當感到孤單的時候，其實就是你心裡的孩子，渴望被理解、被在乎、被傾聽、被擁抱——再將視野拉到最高，其實就是內心小孩，熱切期望得到愛與關懷。請允許自己會有孤單的感覺，同時告訴你的孤單：「我願意感受你、擁抱你。你想待多久都沒關係，我都會在這裡陪伴著你！」

另外，你也可以開始試著靜心，或觀照。操作方式如下：

1. 這可以幫助你習慣自己一個人獨處。更能以溫和的方式，帶著你面對內心深處的——可能以為、或巴不得早已遺忘，卻不可能遺忘的種種傷痛。
2. 剛開始嘗試時，不妨每次三分鐘，不用太長。
3. 坐下來之前，先設定好鬧鐘，就不用再擔心時間到底過了多久。
4. 若有想法出現，是很正常的，請不要認為它是雜念，以為你非得「放空」不可。事實上，只有得道的高僧，或揚升大師才能真正放空呢！
5. 請允許所有的想法出現，你只需要「注意到」有這些想法即可。倘若，想法背後有情緒，你還可以溫暖的感受它、擁抱它。

我相信，最後這兩個步驟，到現在，你應該是非常熟稔了吧?!

Q：如何療癒感情的傷口？

A：療癒，就是接納自己的不完美。允許出現、願意感受，就是療癒。

不知道，各位有沒有注意到，我先鼓勵你面對分手的心痛，將能量收攝回自己的身上；緊接著，引導你釋放一心想復合的執著；再繼續，協助你明白：「孤單後面，有一個、甚至多重傷口。」

然後，才來談療癒感情的傷口？

療癒，並非找到「患處」，再動手術、使用藥物等治療手段，讓「病痛」消失。感情傷口的療癒，也不是找到「根源」，再透過某種靈/心/身的工具，將「心痛」變不見。

感情傷口的療癒，是接受自己受了傷，自然會有負面情緒出現——心痛、不捨、挫折、憤怒、自責、怨懟、不甘等。接著，毫無條件的、也毫不閃躲的，去感受及擁抱負面情緒。而且，完全沒有任何企圖想要去改變、移除或減緩這些——只要是人，就一定會有的情緒。

即使，它們讓人感到極端不舒服，甚至無法承受。

因此，我們可以簡單的講：

「療癒，就是接納自己的不完美。」

也有人喜歡這樣講：

「療癒，是接受自己的陰影或黑暗面。」

如果，你在看本書前面的篇章時，就已經跟著做了「允許出現」、「願意感受」的練習，到這裡，你就已經具備了「療癒感情傷口」的重要基本功。請不要小看這基本功，我個人認為：**它，不但是對自己展現無條件的愛的具體表現，更是自我療癒及靈性成長的終極法門**。

明白療癒的定義後，我們來談談療癒的目的。

療癒的目的，並不是讓心痛不再發生，也不是讓感情從此風平浪靜。請記得一件事，只要你在人的身體裡，就一定會有所謂的喜怒哀樂、愛恨瞋痴。因此，趨吉避凶，絕對不是最後的答案。在療癒的過程之中，你會在接受自己的暗點後，慢慢領悟出來：為什麼你會有固定的受傷模式？表現——或不表現情緒的習慣，又是什麼？換句話說，你將看到自己因為過去沒得到，而現在極度渴望的，是怎樣的愛及關懷。你甚至將明白，你過去渴望得到的疼愛，以及表現出來的愛的模式，其實不是真正的愛，而是「相互依賴」，或「討愛不成」！

互相依賴，讓你不想長大。

討愛不成，讓你容易受傷。

這些，都不是愛！

讓你看到自己有這些模式，並不是要你苛責自己做錯了什麼，為什麼會將愛錯解得如此離譜？相反的，而是讓你明白，你在潛移默化之中，養成了這些「愛的信念」，及「受傷模式」，並且提供一個「改變」及「重新選擇」的大方向。請記得，前提是：你自己覺得這些模式，已經不合時宜，可以做出改變。只有你——對的！**只‧有‧你**，

才能決定要不要改變、如何改變、以及何時改變！

正因為如此，感情的傷口，就是來提醒你，可以不要再讓這些隱藏在潛意識的模式，不知不覺的帶給你相同的感情傷痛。只不過，要是你拒絕、迴避、壓抑感情傷痛的種種情緒，就很難有這種認識自己的新發現。結果是，下一段感情，或下、下段感情，甚至，下、下、下段感情，都還是有一樣的問題，而陷入不斷輪迴的「受傷模式」。

接下來，我要坦白的告訴你一個真相——

藉由重複聆聽傷心情歌而痛苦流涕，或參加工作坊、閱讀療癒書籍得到鼓勵啟示，以為自己被療癒了。很抱歉！我要說：「那，不是真相。絕・對・不・是！」這些行為，頂多讓你得到「撫慰」或「紓解」罷了。如此而已！

療癒，還包括持續觀察自己、接納自己、改變自己。這，是我們一輩子都在做，也都得做的事啊！

最後，從另一個層面來提醒你。

「療癒內心小孩」，就是「療癒感情的傷口」！因此，想療癒感情的傷口，最根本的做法，就是療癒內心小孩。

Q：療癒內心小孩，能與幸福感情共振？

A：答案有三個——是的！是的！是的。

內心小孩之所以會覺得受傷，有兩個主要的原因：

1. 沒有得到想要的愛與關懷。
2. 父母表達愛與關懷的方式，不是他想要的。

因此，在潛意識裡，我們一直在尋找像我們父母的分身，認為只要改變了這些分身，就等於改變了童年的父母，而得到內心小孩最想要的愛與關懷。然而，這通常淪於「投射」，很有可能形成「互依模式」，甚至「對痛苦上癮」。

投射，總讓我們將焦點放在對方身上，認為是對方的言行，造成我們的痛苦與不堪。說句良心話，這些傷痛其來有自，但，真正的源頭，絕對不是——這個對象。我們，一直錯怪了這些「觸動過去傷痛」的靈魂伴侶。這些傷口真正的源頭，今生來自於父母。

所謂療癒內心小孩，是指「無條件的感受所有的負面情緒，並且允許相關的負面想法出現」。換句話說，就是慈愛溫暖的接納自己的黑暗面。只要一開始這樣做，我們就變成自己內心小孩的父母，給他過去沒得到、而最想得到的愛與關懷。

如此一來，傷痛因接納、感受而釋放，黑暗面也被照亮了，不但創造出更多「重新選擇」的可能性，我們的能量也將變得輕盈流動，能夠與幸福感情漂亮共振！

每一段感情，都是幫助我們深入瞭解自己的一面鏡子。在感情之中，每一個傷痛，甚至每一種負面情緒，都提供美好的線索，引導我們向內誠實察覺、允許感受。誠實察覺也好，允許感受也罷，都是對內心小孩、對愛的具體表現。當他感受被愛、被理解、被在乎、被擁抱了，自我療癒，就是自然——更是必然顯現的結果。

看到這裡，難道不覺得「允許出現」、「願意感受」，真的好重要、也好棒嗎？請養成習慣，經常拿出來使用！假以時日，內心小孩會覺得安心安全，而對「自我療癒」敞開心門。那麼，你的感情，很自然的，就從權力爭奪的「小孩討愛」，升級到雙方各自獨立，交集很深但不牽絆的「成人之愛」！

因此，本題答案為：「是的，療癒內心小孩，能與幸福感情共振！」

Q：父母婚姻痛苦悲慘，我能得到幸福嗎？

A：當然！只要與問題背後深層的恐懼和平共處！

恭喜你，你之所以會問這個問題，或，藉由閱讀本文探索其中的可能性，表示你已經在意識的層面，注意到一件事——

父母婚姻的模式，已經以負面的方式影響著，甚至——衝擊著你對感情的態度。

若允許自己仔細感受相關情緒，不難發現其後都是可以理解的恐懼能量。而這股深沉的恐懼，一般來說，有一體兩面的呈現方式：

1.消極害怕父母的模式，如鬼魅般動輒上身，無可控制的重蹈覆轍，因而不敢談感情。

2.積極鄙夷父母的模式，像對蛇蠱虻蛃一樣，無可救藥的挑剔交往對象，永不停歇，對象一個換一個。

表面上看起來，前者是不信任自己能有所突破，後者是不信任別人能善待我。說穿了，骨子裡都是恐懼。**而真正最、最、最恐懼的，不是父母模式的舊戲重演，而是深深懼怕自己不被愛，或被視為沒有價值**。

不難想像，在父母悲慘痛苦的婚姻下成長的孩子，很容易覺得被忽視、不被愛。甚至，以自我思考的孩子，還很容易以為是因為自己不好、不乖——做錯什麼，才會導致父母婚姻的輪迴悲劇。因此，在心版上，總深深刻著自己不夠好、不值得被愛的傷痕，任低價值、低自尊悄悄塑形。

曾經何時，愛與傷害，竟然劃上了等號?!

然而，縱使父母婚姻愁雲慘霧，你，還是可以撥雲見日，顯化幸福感情的。答案，是百分之一百肯定的。

好，我可以聽見遠方有人問道：「如何超越這模式，不受影響或衝擊呢？」我會提醒各位，不要為了「超越」、「消除」、「清理」等任何「對抗性目的」，來面對這個主題。

請先接受往事已然發生，無法更改的事實，再與問題背後深層的恐懼和平共處！我想，腦筋靈活的你，已經清楚，可以如何開始了吧？對！就是——

1. 允許所有相關負面念頭出現。
2. 感受並擁抱深藏在背後的悲傷及恐懼。
3. 不帶任何改變它們的意圖。

請記得，過去因為感覺不被愛、不受重視、沒有價值的怨念及情緒，一定要先面對及釋放，你才能與恐懼和平相處，不被它控制得死死的。關鍵是「允許及感受」，而不是消弭或對抗！

只要一開始擁抱自己的黑暗面與傷口，這模式或經驗的改變，是自然且必然的結果，不需要將它當做一個目標，耗費心力去超越或貫徹。

請千萬記得：「冰凍三尺非一日之寒。」接納並擁抱自己的黑暗面，是一輩子的事，重點是對自己展現愛與寬容，而不是目標導向的去驗收成果。因此，自我療癒的過程裡，當舊有模式再度出現時，請對自己溫柔一點兒，也對自己再有耐心一點兒。

另外，請不時提醒自己兩件事——

1. 當自己內心小孩的父母，給他當初渴望的愛與關懷。
2. 對傷痛情緒保持覺察之心，重新做出選擇。

最後，我從靈性的角度，精準的講——是「靈魂出生前擬定的計畫」——這個角度來鼓勵你。

父母的個性及婚姻模式，我們自己的靈魂很可能參與了設定。換句話講，是我們的靈魂在出生前就同意，要在這樣的家庭挑戰及能量中長大。如果，我們的靈魂自覺無法獨立於父母的婚姻模式之外，是不會同意這樣設定的。這，當然也說明了，你的靈魂充滿自信、勇氣、智慧，要來挑戰難度較高的世俗之愛。因此，當你被恐懼悲傷淹沒，看不到希望、找不到光的時候，請務必記得：你絕對有足夠的自信、勇氣、智慧。在允許感受傷痛之後，看穿父母婚姻模式之萬千幻相，尋得靈魂成長的珍貴寶藏。

Q：怎麼才算走出並放下感情的傷痛？

A：再談起關於他的往事，不再有負面情緒。

首先，正式進入問題核心回答前，我得再次強調——感情的傷痛——包括所有情緒傷痛，一定得「允許出現」、「願意感受」，得到深度釋放之後，才有可能真正的放下。對於不要你去面對情緒的「人我」，很抱歉，我得潑冷水似的告訴你：「**任何略過這個步驟的『放下』，都不會是持續、持久的真放下**。」

一般人常常掛在嘴邊的「放下」，其實是對感情的結束感到無能為力、莫可奈何、一籌莫展，因為迴避核心的傷痛情緒，苛求自己快速回歸中心，而喊出來的假放下。這，跟因為害怕負面想法勾動負面情緒，而立刻要求自己轉念一樣。你一定也試過無數次，效果怎麼樣，你再清楚也不過了！

怎麼才算真正走出感情傷痛，真正的放下呢？

說起來，很簡單，即便過程千辛萬苦——至少，對「人我」來說。真正的放下，或走出感情的傷痛，是指想起他這個人，談起與他的種種過往時，不再出現任何負面情緒。要提醒你的是，請不要以「負面情緒不再出現」的能量，來協助自己療癒內心小孩。換句話講，請不要以它為目的！

自我療癒最巧妙的地方是，只要無條件的擁抱傷痛，慈悲的接納陰影，負面情緒自然會離開，自我療癒必然會發生！爾後，再談起、觸及所謂的感情傷痛，負面能量自然會淡遠，而你的振動頻率必然已升高，也沒有如何走出來，或放下來的問題了！

試試看，你就會明白！

最後，附上一個與「放下」相關的故事。

我一直到真正「允許」及「感受」憤怒，我才體現到：「憤怒，是一種力量！」

大半年前，一位亦師亦友的同修A，分享了整個家族與他個人之間，發生一連串的衝突事件。雖然，他不斷強調：「我，放下了！」我感覺得出來，他陳述事件的背後，仍然有極強大的能量。那，其實夾雜了不被理解，甚或遭到背叛的憤怒與哀傷。

請別誤會我是在批評或指責A，閃躲或迴避心底迴盪的真正情緒。相反的，在當下，我深深感佩他的努力——那樣試著從這家族倫理悲劇裡，找到超越受害者心態的療癒之路。當然，我也明白，他所謂的放下，是找不到更好的解決方式所產生的挫敗無力與莫可奈何。

依我們多年的交情來說，我可以直接點破，告訴他我真正的觀察，但是，我沒有。直覺告訴我，說了，也沒有太大的用處。於是，我只鼓勵他：「你做得很棒！發生這些事，你還能放下，真是不容易！」

這件事，就放在腦子某個角落塵封，再也沒想起過。

上個月，我藉由好朋友Peace通靈，在「約書亞」（耶穌的靈魂）的提醒之下，允許且感受了我的千古憤怒——而且，完全沒有改變它的企圖——包括要它離開，或減弱的意圖。我終於明白：**憤怒，或有憤怒，即便不小心發了火，都不是罪惡的。只要是人，都會有憤怒，也都可能發怒**。重點是，如何藉由察覺憤怒，而允許相關的負面念頭出現，同時客觀的感受憤怒，不帶著任何改變它的動機，就只是慈愛體恤的陪著它一會兒。漸漸的，發脾氣，不再是一觸即發的習慣，而變成一種選擇。當發現憤怒出現，我不再本能的發怒，而是選擇允許且感受它的存在。好玩的是，怒氣很快就平息，根本就不用特別使用什麼工具來趕跑它——這種工具，效果不是不彰，就是「有效期限」極為短暫。

大約兩週前，A突然提起當初對家族紛爭的放下，不知是否真的放下了。我這才跟他解釋，大半年前真正的想法。當然，我順勢建議他，試試「允許出現」、「願意感受」兩個步驟，無條件的與憤怒坐一會兒。

為什麼，A突然質疑這段「早已放下」的「放下」呢？

我猜想，是因為我的能量場裡，出現了「允許且感受憤怒」的印記，A感受到這扎實的能量，同時，也找到了解決之道，於是詢問他的放下是不是真的放下。換句話說，他在我的能量場中，找到安心、安全面對憤怒的紀錄，而這紀錄，我的推論，將協助他釋放憤怒，自我療癒這深層的家族傷口。我甚至認為，當初若我點破，一點說服力都沒有！為何？因為，我自己都不願允許及感受我的憤怒。說白了，在能量上，我並沒有「以身作則」的記載啊！

想到這兒，我終於明白，約書亞所謂「憤怒被擁抱後，能轉換成創造的力量」！神妙的是，我根本不用積極的勸說A，該如何又如何，才能真正放下。是他，自個兒主動問起的，不是嗎？原來，光行者真的只要療癒自己，就能感召人們自我療癒！而協助人們療癒的，不是知識及方法的傳授，而是像燈塔一樣，靜靜發光，以身作則。

註：光行者，是喚醒我們心中之光的靈魂。祂們常常藉由自我療癒的示現，讓我們記得，自己是宇宙之光的一部分。

Q：從小三變成正宮？

A：小三所提供你的，**是找到自己價值的絕佳機會。**

藉由這個問題，我想提出一個新的觀念，也是個「心的提醒」——就從此時此刻起，請不要再用任何集體意識（也就是世俗想法）的標籤，來描述你的感情狀態。**小三、正宮、出軌、專一……都只是因為恐懼而用來控制的冷酷標籤。感情，就是感情，都是我們為了成長、進化，而選擇的人生體驗。它，沒有是非善惡、好壞對錯。**

因此，不管你是所謂的「小三」，集體意識眼中的「正宮」，或是腳踏兩條船、人人喊打的「劈腿騙子」，都請先撕下這充滿強大負能量的標籤。只有先從這道德的制約獨立出來，你才能接納自己潛意識的精心選擇，願意感受早該釋放的負面情緒，找回自己真正的價值！

好，我們回到問題上來。

會問這個問題的人，通常懷抱著良心的譴責，罪惡感深重。再不然，也因為被人們貼上了「小三」、「細姨」、「情婦」、「情夫」的標籤，而感到低價值或低自尊。

然而，罪惡感及低價值，都不是因為你介入了別人的感情，而突然浮現在意識裡的。它們，早就都躲在你的潛意識深處，與基於經驗而形成的限制信念，交織糾纏已久，讓你在不知不覺之中，顯化為一段自責不已又倍感價值低落的感情。換句話說，你的靈魂為了自我療癒「罪惡感」、「低價值」，設計了這世人殘酷批判的「地下戀情」，讓你藉由接納、擁抱黑暗的過去，找回自己真正的價值，並釋放深沉厚重的罪惡感。

正因為如此，若將焦點放在如何「從小三變成正宮」上，就很可能錯過這個局面所提供的「療癒機會」。每個負面情緒的出現，都是一個自我療癒的機會。

建議你，先接受你的現狀，知道這是靈魂的設計，即便你還不知道為什麼會發生、意義是什麼，即便它是集體意識的眼中釘、肉中刺。再來，每當想見他，可他在「正宮」身邊，你因此感到低價值時，請「允許出現」、「願意感受」。要是他背著「正宮」來了，罪惡感油然而生時，也請你「允許出現」、「願意感受」。

請不要為了「成為正宮」而做這些，這目的背後所透露出來的，是你不願意接受感情現狀。因為抗拒或抗衡而做，你的內心小孩非但感受不到愛，反而覺得被利用，甚至——不被信任！因此，只會造成反效果。

唯有對內心小孩展現無條件的愛，他才能覺得安心、安全，也才會願意敞開心門，接受自我療癒。當低價值、罪惡感的傷口療癒了，他才能帶著你看見自己的光，並找回自己的價值。那時候，你愛的能量是流動的，振動頻率也是極高的。能夠與你共振的，只有你真正想要的幸福感情。

一個記得自己原來是光，又深知自己價值的人，不會被困在「小三」或「正宮」的標籤裡！而他所做的感情選擇，必定能與他的光相互輝映，也自然反映出他真正的價值啊！

Q：我，該和分手的他，繼續做朋友嗎？

A：趁機沉潛，再度愛上自己。該留的，會留下；不會留的，會離去！

會問這個問題，表示你仍然習慣將能量向外放在對方身上。分手後的這段時光，在這個緊要關頭的時候，你最該關心注意的，除了你自己之外，沒有別人。對！沒・有・別・人。

不管分手是誰提的，因為什麼理由分手，一段感情的結束，總會勾起某些情緒的傷痛——尤其是，過去傷痛的總合。這些來自過去——可能是童年，也可能是更早的「前世」的傷痛情緒，因為從未適當的接納與感受，一直累積在你的能量場裡，才會在關係裡伺機而動，不時牽動最深的痛楚，讓你因為芝麻綠豆大的事件，情緒劇烈爆發，有如被鬼魅附了身，完全失去掌控，有的時候，甚至大動干戈，傷己又傷人。一段時間過去後，你還驚訝的發現，這爆發的頻率越來越高，而導火線事件越來越小。

像分手這樣強大的衝擊，我跟你保證，一定會觸動過去傷痛的總合——被遺棄的悲傷、恐懼，不被理解的孤單、哀傷，遭到背叛的委屈、憤怒，更而甚之，與宇宙太虛分離的不確定、惶恐，都將一股腦兒傾瀉而出。在這個當口，最需要愛與關懷的，就是你自己了，你怎麼還忍心將眼光焦點放在對方身上？此時此刻，你最該關注的是自己的內心小孩，而不是要不要和分手的他繼續做朋友！

很抱歉，我要很露骨的說，這個時刻，你之所以選擇將能量放在這問題上，是因為抗拒分手的事實。更深一點的背後，透露出來的，其實是深層的恐懼。**這強大的恐懼，看似來自於害怕分手後的孤單寂寞，真正要探索起來，其實是害怕過去傷痛的總合，將浮現到表面上，讓你不得不面對**——不要說不得不面對了，你連想假裝沒看見，都困難萬分！

在這個關鍵時分，你的「人我」，最愛「勸服」：「面對過去傷痛的總合，是很可怕的事，要是陷進去了，你可能沒辦法活下去，還是快將通往過去的大門，深深鎖起來吧！你不是已經鎖了那麼多年，都相安無事嗎？何必去揭開血淋淋的瘡疤呢？」

請記得：這，不是真相。

真相是，正因為過去沒有人告訴你，你可以「允許出現」、「願意感受」，藉由接納和擁抱負面情緒，讓它們自然健康的釋放。這些傷痛情懷，才會點點滴滴積滯在能量場裡，讓你痛苦不堪，卻又不明所以。久而久之，這些情緒累積的強大能量爆發出來，造成自己以及伴侶莫大的傷害。真可以說，是親密關係的隱形殺手啊！

分手後，是疼愛自己的大好時機，更是認識自己的黃金時段！

千萬別錯過這千載難逢的沉潛時機，將所有能量導回自己身上，接受分手的事實，感受傷痛的情緒，好好的、徹底的愛自己。那麼，有一天，你將因為接受自己的陰影，而再度「愛上自己」，更散發出無可擋的能量與魅力。那個時候，能與你能量共振的，自然會待在你的生活裡！換句話講，無法與你愛自己的能量共振的，強留也留不住——其實，當你到了那個境界，你也不會想要留下他們。

你，只要試了，便知道。

真．的！

Q：療傷最好的方法，就是再談一場戀愛？

A：分手後再談一場戀愛，盼能治療心痛，是向外尋找解決方案。

喂！坐在後面，倒數第三排，最右邊那位，對！就頭上插了一朵粉紅色玫瑰的那位男士。你聽我回答了這麼多回題，應該知道我會怎麼回答這題吧？要不要替我回答呢？

來！試試看！

療傷最好的方法，就是再談一場戀愛嗎？

什麼？

不是啊？

那是什麼咧？

啊？是什麼？

大聲一點嘛！你不見得是錯的喔！

嗯！很棒！

你說得很對啊！

療傷最好的方法——來！用你最大的分貝，大聲吼出來——

就是——

「允許出現」和「願意感受」！

（全場熱烈掌聲、歡聲雷動！約書亞若是在場，很可能會附上肉身，大跳起霹靂舞！）

療傷——療癒情傷——其實，所有的傷痛都一樣，**都應該要「向裡走，而不是往外求」。分手後，很快的再談一場戀愛，還期盼能治療心痛，就是向外面的世界尋找解決方案**。它的背後，隱藏著一個信念：「我的白馬王子，還在遠方的某個角落等著我，只要找到他，我就能從此過著幸福快樂的生活！」

這，是一種期待被拯救的心態，也是不願對自己情緒負責的一種表現。

在這裡，我用升學模擬考當例子，雖然不完美，但容易明白。它之所以不完美，是因為感情不是考試，也不該為了求高分而談感情。

你一定有過這樣的經驗，每次模擬考之後，老師都會花時間來「檢討與訂正」，幫助你明白錯在哪裡，有什麼地方是還沒搞懂的，可以如何改進，對吧？我深深相信，這個檢討訂正的步驟，讓人印象深刻，要真是讀通弄懂了，不但能穩定面對大考的軍心，更能幫助我們下次考得更好，表現優秀。

一段感情，就像一次模擬考。

考完了，要是成績不如人意，先照顧好情緒，再來弄懂自己錯在哪兒，哪裡又沒搞清楚。分手後，立即再談一場戀愛，就像不檢討、不訂正，立刻再投進另一場模擬考一樣。不會的地方，還是不會，因為沒弄懂錯在哪裡！若想通過考試，只能祈求大考時，出現「白馬王子」級考題，帶走那些讓你出錯的考題，將你從水深火熱之中，神奇的拯救出來。

各位都已經知道，能量共振的原理。**只有更好的能量，才能與更好的對象共振，對吧？跳過「面對心痛」或「療癒內心小孩」的新戀情，其實不過是舊戀情的翻版，而且，將一直輪迴、不停迴圈，直到你釋放「受傷模式」為止**，根本就無法跟更好的戀情共振啊！

分手、失戀或離婚，都是模擬考後，檢討訂正的機會，讓你看到自己的受傷模式，好重新做出選擇。分手後，很快再談一場戀愛，是迴避面對與擁抱黑暗，也指出你尚未準備好真正去了解自己。

這，沒有對錯，也沒有好壞，只是你做出的選擇而已。

只是，選擇後的結果，是你現階段的人生所想要的嗎？

倘若，對於這個受傷模式，你感到不舒服、甚至痛苦極了，想要做出某種改變，那麼，這個問題的答案，甚至這一整本書，都提供了不同的選擇喲！

不用急，慢慢來，對自己有耐心一點兒！

說不定，在你決定改變的那天夜裡，約書亞真的會出現在你夢中，大跳霹靂舞呢！

Q：**時間，是最好的療癒工具**？

A：迷思！迷思！迷思！這，是千古大迷思！

情傷，只能靠感受及擁抱來釋放。**最好，能在傷痛出現時，立刻感受及擁抱**。將時間往後拖，只會讓它像雪球一樣，越滾越大，絕對無法突然消失不見！事實上，你現在所受到的心痛，之所以這麼撕裂心肝、這麼痛徹心扉，有一部分的原因，是因為「人我」當初用了「拖延戰術」，說服了你：「時間，是最好的療癒工具！」

當你還困在感情裡的時候，那些芝麻綠豆大的事兒，之所以會叫你抓狂失控，不是因為你的脾氣或個性變糟了，而是過去的情傷（包括兒時、前世的傷痛）未能得到及時的擁抱、釋放，已經大到不得不爆出來的地步。因此，你才像被鬼魅附了身一樣，失去控制，而且發作的週期，也越來越短促。

我們，誰不是這樣？曾經如此的信仰時間會沖淡一切？

負面情緒，不會因為你選擇讓時間沖淡它，最後就消失不見，或讓強度減低。**時間，根本無法沖淡任何東西**。那些你以為消失的、減弱的、遺忘的、模糊的，其實從未曾離開。你之所以想不起來或感受不到，是因為它們被你忽略或壓抑了，它們一直深深隱匿到潛意識之中，或換個形態轉存到你的身體裡，時間久了，就顯現成各種身體的病灶。我個人認為，許多癌症就是這麼來的！因為，我見過、協助過不少案例，在面對及釋放深層傷痛後，癌細胞和腫瘤自然就無影無蹤，連電腦斷層掃描都找不到腫瘤了！如今，科學家們還在向外找尋人體致癌的原因，其實，癌症大多來自身體裡，尤其是情緒的日積月累，未能面對擁抱而釋放的關係！

好，我要來下結論囉！

時間，是療癒最好的工具嗎？

No! No! No!

Not at all!

時間，其實是——

情緒致癌的催化劑。

Part 5

心靈

每個人，都希望感情能幸福圓滿。再不然，也能少一點災難、少一點考驗。若偶有波折關卡，也期望能找到走出幽暗山谷的光明道途。其實，本書最首要的任務，也莫過於此。因此，我們從意識表層，談到了潛意識深處，又從人我意識，回歸心的意識。隨著書中的問題與回覆，我陪著你走了一段精彩的愛情之旅。愛情之旅，其實就是心靈之旅，它主要的目的是協助你回歸內心，啟動本來就有的心靈力量。而這心靈力量一旦甦醒，就成了你感情周折困頓時的暗夜燈塔，引領你航向「愛情海」中的「寧靜海」。

我們何其有幸，文化中本來就有靈魂與輪迴的概念。我不用說服你，你早就明白「我們都有靈魂」。倘若你，願意跟著我再進一步探索這概念的延伸——我們「都是」靈魂，祂才是你人生的主角，那麼，你今生的愛情體驗，還會變得更寬大、更神妙，正如以下問題中所試圖描繪的境界。根據我閱讀、拜師的研習，以及多次回到前世、靈界的經驗，我很確定：靈魂在投胎前，就設定好今生的愛情功課、交往對象，甚至所謂的感情傷口。其目的，是為了從各個層次、角度，全方位學習真愛。而學習的方式，通常透過「反面學習法」，經歷種種黑暗挑戰，試著從無愛的恐懼中，回到愛與光裡。這精巧的設計，我稱之為「靈魂生前計畫」。也許，我們的人腦不見得完全能夠理解，更別談接受。因此，本篇文字要是讀了一回，無法心有戚戚焉，不代表你做錯了什麼，或天資駑鈍。你，還是可以選擇回到「心靈的層次」，安心安全開發出心靈的愛情力量！

Q：靈性美女，就是不食人間煙火？

A：靈性美女，是個標籤。標籤，形成對立，製造衝突，是「人我」的最愛。

事實上，光是「美女」兩字，就是個超級大標籤，不但貼死、還壓死好多女子，讓她們一心嚮往、追求集體意識——尤其是大眾媒體——所勾勒出來的美女形象，常常失去最真實的自我，活在人們華而不實的期望之中，明明空虛痛苦不已，還佯裝一派自在。

每個人，都有靈魂。

拜傳統文化之賜，我們多半都能接受「靈魂之說」，相信在肉身之中，存在著一個靈魂。只是，「我們喝了孟婆湯」，忘了自己其實是靈魂，進入肉身有極其神聖的意義。因此，即使理智上相信靈魂存在於肉身之中，靈魂仍有待甦醒，在能量稠密的地球上，彰顯這神聖的意義。

也因為靈魂沉睡了，我們常感覺不到祂的存在。也忘記了，祂才是我們本來的樣貌。

靈魂，被曲解成深遂卻空洞的概念。

靈修，被誤認為虛幻而怪誕的行徑。

靈性，成了不食人間煙火的代名詞。

現在，請允許我順著集體意識的邏輯，來回答這個問題。

靈性美女，我們故且將之定義為：「有意識追求靈性成長的女子。」

靈性成長，有許多階段。不管你的靈性甦醒了沒，其實，你的靈魂都在成長，而且，每分每秒都在進行當中，就像嬰兒時時刻刻都在長大，不管他知不知道、理不理解，也不管他在意識上追不追求。所謂「靈性甦醒」，就是發現自己是靈魂——請注意，我說的「是」靈魂，並非「有」靈魂。**靈性成長，就是以靈魂為主，「人我」為**

輔，一起達成靈魂透過肉身學習的神聖任務。

我必須承認，在靈修者（追求靈性成長者）之中——不只是女子而已，認為靈性成長就是超越凡間、解脫肉身、去除苦難，往天堂、靈界、極樂世界揚升而去的，大有人在。很抱歉！我必須要說，這些人對靈修的誤會大了，也讓許多人同樣扭曲了靈性成長。這些人對靈性的追求，往往頭重腳輕，只往上頭去；卻忘了，我們都在肉身之中，不願意往下扎根，活好靈魂為體驗二元世界，所精心設計的人類生活。

原因有兩個：

1. 靈魂想回家，重新回到充滿愛與光的溫柔空間（也就是天堂、天界、靈界）。
2. 「人我」不愛感受情緒，尤其是負面情緒。而這些情緒累積的地方，在我們「心輪」以下的位置。要將肉身經驗往下扎根，得疏通這裡的能量，而疏通最有效的方式，就是「允許出現」、「願意感受」。

在地球靈修，得透過肉身。所謂靈性成長，是讓靈魂甦醒，帶領「人我」一起揚升。而揚升，並非指升天、回家、上天堂，而是指揚升到「心的意識」，在地球、在肉身中，自由且無懼的，活出天界的品質。因此，**真正修行到家的男男女女，絕非不食人間煙火，反而盡情享用人間煙火、感恩人間煙火，進而從人間煙火的美好與虛實裡，找到回歸自己愛與光本質的道途。**

最後，提醒你——

靈性帥哥，也是個標籤。

標籤，形成對立，製造衝突，是「人我」的最愛。

而標籤最大的功能，就是讓你撕掉它！

沒別的！

Q：**透過網路、夜店，不可能找到理想情人**？

A：理想情人，可能出現在任何場所、任何時空、任何機緣。

「啥咪?!這種問題，怎麼會放在〈心靈〉部？它跟心靈有什麼關係？」

相信我，不只是你，就連我自己的「人我」，都曾經這樣質疑過！

我很清楚，要表淺的回答這個問題，很容易。答案，再簡單也不過。

理想情人，可能出現在任何場所、任何時空、任何機緣——

「絕對包括」網路，

「肯定包括」夜店。

那麼，為什麼人類的集體意識裡，會存疑呢？

首先，我得先強調：這，是個限制性的想法。就像有好多、好多女孩子認為：「好男人，不是已經結了婚，就是男同志！」仔細深入想想，這個限制性想法的骨子深層，透露著「匱乏的能量」；認為好的對象，只會出現在某些特定的場合；還有，好的對象，十分稀少，打著燈籠也找不著。

真的，是這樣嗎？

還是，有這些想法的人，表面上擔憂好對象不好找，其實覺得自己不值得最好的對象？有沒有可能，在潛意識裡，他們認為自己不值得真愛、不值得幸福？

事實上，我大學最要好的一位女性朋友，就在離婚之後，透過網路找到她的真愛，而且，還遠渡重洋嫁到異國。對她而言，網路交友不是問題，遠距離更不是問題。

那麼，還有什麼理由，排斥網路或夜店呢？

倘若，你排斥上網路、到夜店的人們，說明你內心瞧不起、甚至批判這些管道；更表示你的內在，對自己的某個層面，也瞧不起、仍十分批判。**外面沒有別人，只有自己；外在世界，是你內心的投射**。如果，你的內心充滿了批判，或仍有排斥，就表示你尚未完全接受自己——尤其是對自己的黑暗面或陰影。有沒想過，這其實才是為什麼你老是愛不對人？老覺得好對象難尋？因為，你自己內在的能量，總是和那些人、那些信念共振，才會一而再、再而三的顯化那些經驗或現實。

只有無條件接受自己所有面向的人，內心才能充滿既流動又優質的愛，而這份愛的本質，就是靈魂的本質，也就是——宇宙的愛和光。在你的心裡，一直都有這份愛，等著輻射強光、高熱，只要你願意無條件接納自己的不完美！

如果，你連自己的缺點、弱點、壞習慣都衷心接納，怎麼可能排斥網路和夜店？

那個時候，你甚至能在街頭流浪漢的眼裡，看到燦爛的星光。因為，恭喜你，你的心是敞開的，愛的能量也是流動的，舉手投足都魅力無限，一顰一笑都吸睛啊！

這樣的好能量，想沒有桃花，都難！

Q：**放下執著**？

A：**告訴自己「不要再執著」、「要放下」，不・管・用！**

首先，請即刻停止告訴自己——「不要再執著」。

再來，也請不要再提醒自己——「要放下」。

此時，你最需要的，不是強迫自己轉念，更不是禁止自己執著。

而是——

「允許出現」、「願意感受」。

我相信，閱讀到這裡的你，一定跟著本書及嘮叨的我，練習過許多次了。你也親自見證過，只要我們允許負面念頭出現，並且願意感受負面情緒，負面迴圈會停止，傷痛情緒會消失。這，是必然而自然的結果。

執著，也是一樣！

當執著的念頭出現了，我們以慈悲溫柔的心允許它出現，再以開放包容的心去感受那糾結不已的情緒，很快的，執著能量的減弱或消失，也是必然而自然的結果。

這個時候，真正的核心情緒，才會從靈魂深處浮上枱面來。

根據我個人的實戰經驗，以及對客戶和學生的長期觀察，執著的背後，隱藏著「不信任」、「不相信」——

不信任宇宙會照顧我，會賜給我幸福穩定的感情。

不相信自己是有價值的，值得完滿自由的愛情。

為何不信任？為何不相信？

因為，靈魂過去的學習經驗。這個過去，可以是今生的童年，也可以追溯到累生多世的過去。這過去的經驗，多半是負面的，甚至是慘痛的，在我們的潛意識深處，形成一個限制性，甚或挫敗性的信念。因此，我們可以說，因為害怕往日經驗再現，承受不了那不被愛、或失去愛的悲戚酸楚，我們才會在某種程度上，緊緊抓著「現有」的，不願放下「即使不適合」的。

習慣或容易執著的人，請不要再責怪自己，要求自己立刻要放下。我深深相信，你一定這樣試過好些年了，應該效果不彰吧！那麼，要不要換個能量？換種方式？請記得，即刻將能量調回來，放到自己身上，藉由「允許出現」與「願意感受」，對自己展現無條件的愛。那麼，慢慢的，那個躲在執著背後的恐懼，會因為內心小孩被理解、被善待，而一點一點釋放出來，讓你的能量輕盈流動起來，不再被過去的負面經驗綁架。

不過，我必須以自己當例子，提醒各位以下的可能性——既然是「我自己」，就表示「不一定適用每一個人」的靈魂旅程。

從靈性的角度來看，執著，是靈魂出生前設定好的磁性（就是吸引力）；在靈魂想體驗的肉身經驗結束前，大概很難消磁。換句話講，若雙方預定的感情功課尚未完成，硬要自己放下、不執著，幾乎是不可能的。以我個人的經驗來說，就算使用了非常手段，活生生將自己從中間抽離出來，要不是再被抓回同一段感情繼續體驗，再不然就是進入一段類似、甚至一模一樣的關係，有著鬼打牆一般的考題。

怎麼分辨呢？

很簡單，在「允許出現」及「願意感受」的過程之中，負面情緒會平息，靈魂的智慧會抬頭。只有在這個片刻，你自己會知道，那個磁性消失了沒。消失了，你自然不會再執著。若尚未消失，不管你如何理性的提醒自己，或是使用什麼工具強迫自己，你還是會情不自禁的執著到底。

Q：真正的愛自己？

A：接受並擁抱自己的黑暗面。

大部分的人一講到或想到「愛自己」，就會想實際「做些什麼」——要不是做些疼愛自己的事，就是做些有益靈／心／身的改變。前者比如：去做臉啦、按摩啦、去Spa啦等。後者好比：積極從負面念頭中，轉念變為正向思考；自負面情緒的風暴裡，努力回到中心並恢復平靜。

這些，都很棒！都在那個時候、那個階段，最適合當下的你。我也絕對相信，那時候的你，需要那樣的愛——不管別人怎麼說、如何看——那到底是不是「真正」的愛自己?!

以前的我，也會用相同或類似的方法，對自己表達真誠的愛。

就我個人而言，經過歲月的洗鍊、靈性的開悟，以及好幾段靈魂在投胎前，就精心設計好的情場考驗，現在這個階段的我，深刻的體會到——

原來，我一直不允許自己出現負面念頭，也不喜歡被負面情緒包圍。

然而，哪一個人類，沒有負面念頭呢？又有哪一個人類，天生喜歡被負面情緒夾攻呢？倘若，一有負面念頭出現，就隨即要求轉念；每有負面情緒浮現，就想恢復平靜，那麼，我豈不是在否定自己是個「人」就一定會出現的負面念頭？也一定會牽動的負面情緒？

真正愛自己，對現階段的我來說，就是接受及擁抱自己的黑暗面。

換句話講，就是允許自己有負面想法出現，願意感受隨之而生的負面情緒，不必急著轉念，更不用急著回歸平靜。

這個愛自己的溫柔能量，能夠讓我們的內心小孩接收到，童年從父母那裡缺席的愛與理解，自然而然的覺得安心安全，也自然而然的敞開心扉，接受自我療癒以及靈性釋放。

當然，這也就是為什麼，我會一直苦口婆心的、不斷重複的提醒你，可以認真、確實的去「允許出現」與「願意感受」。

其實，這並不是我個人獨創的概念，而是「基督意識」的精華，也就是耶穌的靈魂「約書亞」的重要教導。我的靈魂Mophael，只不過以此為天命，生生世世、輪迴無數，都在轉譯這個扎實而溫柔的——真正愛自己的終極密技。

我們在感情中，

都渴望被無條件的愛著，

但卻本能的、有條件的給愛。

我們以為，這就是世俗之愛的真相。

有沒有想過，為什麼？

人類的愛，真的只能這樣嗎？

也許，你和過去的我一樣，

認為要愛別人的可愛之處，很容易，

要愛不可愛之處，則很難……

其實，我們對自己的愛，也一樣啊！

愛我們的優點、長處、陽光明亮之處，也很容易；

要愛自己的缺點、短處、陰暗隱晦之處，比登天還難。

——不要說愛了，就連接受，都不願意！

好啦！更露骨一點來說，

——別說接受了，就連承認，都抵死不肯啊！

真正愛自己，除了能幫助你提升到「心的意識」，自在無懼的過著忠於心靈的生活之外，更能徹底轉化你愛情的本質，將人類有條件的愛，從投射、討愛、控制、互依的幻象中，拓展到無條件的愛的真相裡——自由、慈悲、耐心、寬容。

請記得，就從此時此刻起，當你嫌棄、甚至痛恨伴侶「不可愛之處」，一點也無法愛上它們時，不妨問問自己：「我自己還有什麼地方，是我不允許、不願意感受的？」只要你這樣開始一問，那個「真實的你」的愛和光，便即時從你全身所有的細胞、纖維，向四面八方輻射開來，光燦耀眼、撼動人心。

你，就是真正愛自己的萬世巨星！

註：基督意識，就是耶穌靈魂約書亞的心靈教導，有別於基督教義。它，提醒我們可以超越「人我意識」的恐懼，回歸心靈、自由無懼的生活——也就是揚升到「心的意識」！

Q：世界上有完美感情嗎？

A：有的！但不是和別人，而是和——你·自·己！

在進一步解釋之前，請容許我先設下一個前提。我個人同意美國著名演員珍·芳達（Jane Fonda）在她自傳裡所說的：「完美，只是個幻象。我們可以追求的是

『完整』，而不是完美。」

然而，我明白一般人問這個問題的意思，就先依著這普羅大眾的遊戲規則，來說說我個人的看法囉！

完美，的確是個幻象，但可存在於某個時空、某個空間，而且，感覺極為真實。只不過，所有生命的本質，都像宇宙一樣，隨時都在變動，隨時都在擴張。這一刻的完美，很可能是下一刻的不完美。而**每一個不完美，都驅使萬物往完美的方向前進**。

成長，於焉自然發生。

每個人身體裡，都住著一個靈魂。每個生活在地球的靈魂，都是為了己身的進化，而投胎在人類的肉身當中，藉由地球的二元對立能量——是/非、好/壞、光明/黑暗，所形成的「不完美」，深刻體驗靈魂完美的本質——也就是愛與光。這個不完美，也有人稱為「錯的」、「不好的」、「非愛的」、「陰暗的」。

從「人我」的角度來看，人類因為只喜歡「好的」、「對的」、「善的」、「光明的」，就將這所有「良善」的總合，貼上「完美」的標籤。而與它對立的，就貼上「不完美」的標籤。從宇宙的角度來看——通常寬廣、全面許多，這些所謂的「不完美」，也是完美的。它們的存在及功能，是為了讓我們體驗「失去愛（從非愛）再回到愛」，那感動人心、更撼動靈魂的立體的愛。

這看似對立的「完美」與「不完美」，其實是宇宙的神聖安排。這完美的安排，一定要有不完美的情節，目的是讓完美從「平面的概念」，變成「3D的體現」。

就像一部好電影裡，常有正、反兩派角色，若清一色是正氣浩然的英雄，只會讓人覺得平淡無奇，但加進了壞到骨子裡的反派角色，惹出許多代表「不完美」的禍端，整部電影就變得緊張刺激、扣人心弦。當電影演到最後，象徵光明的英雄突破重重難關，解除大壞蛋引發的黑暗禍端，觀眾才大大鬆一口氣，真正體驗重返愛與光的珍貴與無價。

一部完美的電影，存在著「人我」所謂的完美與不完美。不完美，是為了讓電影達到完美——有很多時候，甚至也讓故事中的人物——不論正派、反派，都變得完美。

感情，是協助靈魂成長最多、最快的必修科目。

正因為透過一段段感情而成長，是必然的結果，而目的是為了體驗愛，將愛的概念與實務結合，從平面變成3D。不難想見，在人類的愛情世界裡，靈魂一定會經驗許多「不完美」——「錯的」、「不好的」、「黑暗的」、「非愛的」。也因為如此，「人我」所界定的「完美感情」並不存在。所謂的完美感情，就像一部只有正直誠實人物的電影，平淡無聊至極。

世界上有完美感情嗎？

有的，但不是和別人，而是和——

你・自・己！

為什麼和別人不行，和自己可以呢？因為，你可以改變你自己，卻無法改變別人。事實上，感情中的不完美，大多來自於「想要改變對方」的權力遊戲。為何想改變對方？因為想控制對方。為何想控制？因為害怕失去。為何怕失去？因為「一朝被蛇咬，十年怕草繩」。「人我」，最怕面對過去的傷痛——別說面對了，光要承認，都比登天還難。這，你最有經驗了，是吧?!

追求完美，的確有如夸父逐日。

然而，如果你願意，你可以改變自己，讓自己不斷成長，接近所謂的完美。說真的，我可以感覺到，你是願意的，否則，你不會一路來到這裡，又大大的敞開心，試圖理解這「色即是空，空即是色」般的玄妙真相。

最後，如何創造和自己的完美感情呢？

很簡單，就是允許自己的不完美一一出現，同時，願意感受覺得自己不完美時的負面情緒。只有全然、無條件的接納自己的黑暗面，你的內心小孩才能找到回家的路，以光輝照亮你靈魂的天性，那就是——自由、勇氣，以及愛！

有趣的是，當你和自己的感情趨近完美了，你自然充滿安全感，必然相信自己值得愛，也一定信任宇宙早就安排好符合靈魂至善的幸福愛情。到那個時候，你不再向身邊的人索愛，也不會將自己的傷痛投射在伴侶身上，更不會假愛之名行控制之實。請問你，若來到這個境地，感情完不完美，重要嗎？

擁抱自己的暗點，接納自己的不完美的威力如何？

耶穌的靈魂「約書亞」說得最清楚——

「當你看到自己內在的黑暗面，像恐懼、憤怒、不信任等情緒，你本身的振動頻率就會提高，同時也將嶄新光芒引進世界。它，清楚顯現在你雙眼，及說話與傾聽的方式裡。請不要隱藏，盡可能將它敞開，因為你既美麗又真實。當你將這樣的頻率帶入世界，人們便會被你吸引。不是因為你所知道的真理，也不是因為你能預知他們的未來，而是你拉出了一個既慈悲又體貼的空間，讓人們感到安全，且被包容廣納。這，就是新時代的教導重點：對人們提供善解人意及深深的慈悲，如接納他們的光亮般，也包容他們的黑暗面；讓他們明白自己內在的光、力量，以及創造力。」（引自：潘蜜拉·克里柏〔Pamela Kribbe〕，《靈性覺醒：使生命發光的約書亞與馬利亞靈訊》〔*Bezield Leven: Boodschappen Voor Een Nieuwe Tijd*〕）

註：地球上每個人類都是「人」與「靈」的組合。人的部分，就是「人我」，也就是意識及理智。靈的部分，就是「靈魂」，也就是超意識及心靈。超意識，是潛意識裡儲存前世記憶的區塊。

Q：真愛，是你天生的權利？

A：相信你的心，別相信你的頭腦！

來，請先閉起雙眼，再深呼吸至少五到十次，慢慢的讓自己的心安靜下來。

現在，請跟著我，大聲唸出以下這句話：「真愛，是我天生的權利！」

來，再一次：「真愛，是我天生的權利！」

很好，再說一遍：「真愛，是我天生的權利！」

你做得非常好，現在，想像你的心完全敞開來，仔細感受一下，此時此刻，你的心情是什麼？能量又是什麼？在身體上，有哪裡感受到不舒服的——像是痠、脹、麻、痛？

倘若，你在心情上、能量上、身體上，都感到輕盈喜悅或自在流動，我要大聲恭喜你，你打從心底相信：「真愛，是我天生的權利！」不難猜測，你此刻極有可能就在一段幸福感情之中。因為，若真心相信這點，表示心的振動頻率很高，輕易就能與幸福感情共振。

假設，你在心情上、能量上或身體上，任何一個層面，感到沉重黏膩或束縛停滯，我也要大聲恭喜你，你很投入自己的今生經驗——和大多數地球人一樣，因為過去許許多多感情的負面學習經驗，「理所當然的」非常害怕受傷。而這個深沉不理智的恐懼，切斷了你與「愛和心靈」的連結，也讓你幾乎忘記了，整個宇宙都是你的後盾，厚實而篤定的支持，這曾經被你視為理所當然的絕對真理——「真愛，是我天生的權利！」

然而，這不代表你做錯了什麼，也不表示你靈魂學習的進度遲緩！相反的，這些負面的感受，是來協助你療癒恐懼的最佳線索。而你要做的，並不是扮演私家偵探，找出感情輪迴的受傷源頭，再使用某種心靈或情緒工具，將這些傷痛變不見。你唯一要做的，很簡單，就只有兩個小小的步驟。我相信，本書看到了這裡，你也早已駕輕就熟了，是吧?!

來來來！用你最有自信的聲音分貝，響亮的告訴我，是哪兩個步驟？

沒錯！就是——

「允許出現」與「願意感受」！

讚讚讚！現在，就請你慈悲的、溫柔的操作這兩個步驟，允許所有懷疑、不確定的負面想法出現，完全不帶任何改變動機的，去好好感受、擁抱稍早察覺到的負面情緒。要是過了一陣子，情緒仍然還在，你可以告訴它們：「你想待多久，都沒關係！我都會在這裡陪伴著你。」說完，繼續感受及擁抱它們。

如此一來，回歸中心、恢復平靜，是必然的結果。

提醒你，請不要為了回歸中心或恢復平靜而做。因為，那只會將你綑綁在二元對立的能量之中——是非對錯、喜好嫌惡。**持續與你討厭的狀況互相對抗、拉扯，永遠無法帶領你回到「心的意識」裡——就是從心出發的狀態，真正「解決」你想解決的問題。**

其實，當你將角度拉高，跳脫既有視野，走出基於恐懼的「人我意識」——就是理智判斷的習慣；允許感受自己的黑暗能量，就能即刻回到「心的意識」，得到自由、勇氣、愛。那時候，也沒有所謂「要如何解決問題」的困擾了。因為，問題已經不存在了！而那些讓你害怕受傷的恐懼，早就轉化成溫暖明亮的光了——也就是你對自己所展現的愛與慈悲！

正因如此，回歸中心、恢復平靜，是必然的結果。

好，現在，再請你再次閉起雙眼，大聲跟著我唸這句話：「真愛，是我天生的權利！」

來，再說兩次：

「真愛，是我天生的權利！」

「真愛，是我天生的權利！」

很好，再仔細感受一下，你的心情是什麼？能量是什麼？身體的反應，又是怎樣？

應該是輕盈喜悅、自在流動了吧！

太棒了！請牢牢記住這個感覺。

靈魂的旅程很長、很遠，若不小心又開始懷疑或動搖，請記得，你可以隨時回到這個空間裡，找到這個感覺。

而這個感覺，就是來自宇宙厚實而堅強的後盾，總是在你靈魂深處，低聲呢喃：

「真愛，是你天生的權利！」

Q：真正原諒傷害我們的伴侶？

A：首先，你得先原諒自己。你，原諒自己了嗎？

原諒自己最有效的方法，就是「允許出現」、「願意感受」。換句話說，就是接受自己的黑暗面——擁抱自己是「人」的現實，會因為感情受挫、或結束而受傷。而感到受傷時，也會有負面情緒出現。有時候，甚至會被情緒淹沒，就像被鬼魅附了身一樣，完全失去理智的控制。

等待情緒因此得到必然的釋放之後，才告訴自己：「我接受你，我原諒你，我知道你盡力了，你做得很好，會發生這些事情，不是你的錯。我原諒你，我釋放你自由。你自由了，我也自由了，因為，我已經原諒了你！」

原諒，是自我療癒的重要指標，更是心靈成長的火箭推進器！

至於，如何進一步原諒傷過我們的人呢？

✿ 概念篇

1. 允許出現．願意感受

不帶「改變負面想法及情緒」的意圖來操作，受傷的情緒將自然且必然會釋放。而在情緒釋放之前，請不要用理性的轉念、或靈性的概念來平衡受傷的情緒，想直接跳到放下或原諒。這樣做，不但不會有效果，還會得到表淺且不實的原諒。說穿了，只是「人我」唆使你迴避情緒的把戲。

2. 接受已經發生的事實

原諒，是放掉「過去可能有所不同」的期待。我們之所以不願原諒，是因為不願接受過去發生的事。比如：不願接受「他劈腿背叛你」，不願接受「他離開人世拋棄了你」。甚至還會期待，已經發生過的，最好能夠改寫，想回到他還沒劈腿前的甜蜜，享受對他小鳥依人的安全感。「人我」以為，這樣，就不用感受那些讓人難以承受的傷痛情緒。因此，我們卡在過去和現在之間，動彈不得，更無法開創未來。

3. 原諒，是為了流通自己的能量

也許，你心裡會嘀咕：「我為什麼要原諒他？他傷我那麼深，根本就不值得原諒啊！」你只要在心裡，稍微注意一下，這個念頭出現的時候，你的能量如何？心情又如何？一定很不好受吧！原諒，不是為了讓對方好過，而是讓自己放掉這些辛苦、沉重的感受，讓自己的能量流動起來啊！

4. 可以發願，不能勉強

我們可以發願，為了放過自己、讓自己好過而原諒他們。但是，請不勉強自己，更不要設下時間表。倘若，你已經試著去原諒，但完全做不到，或只能原諒一點點時，不要苛責自己，請務必溫柔的接受自己所有的進度，以及各個階段的表現。

5. 原諒，是最深的心靈療癒

若你明白這些傷你的人，其實是按照靈魂出生前和你的約定行事，為的是藉由「非愛」及「黑暗」，協助你深刻體驗什麼是真愛。愛，從一個抽象的概念，變成經驗

的體現，就像從黑暗重返光明一樣。因此，若能真心原諒這些按照腳本演出的反派角色，就是釋放累生多世的傷痛，是很深、很徹底的心靈療癒。

✿ 實行篇

1. 請深呼吸至少十次，讓自己進入安靜的心靈空間。
2. 想像光從你的頭頂進入全身，照亮所有的細胞和組織。
3. 想像胸口開出一朵粉紅色的心靈玫瑰，芬芳、高貴、優雅、動人。
4. 想像你想原諒的他，就站在你眼前，並仔細觀察他的面部表情。
5. 從粉紅玫瑰發射出一道光，照亮眼前這張臉。
6. 看著他發光的雙眼，說出以下的話：「我接受你，我原諒你。我知道，你是來陪我的靈魂學習的，謝謝你幫助我成長。從今天開始，我們之間，只剩下愛的能量。其他的，我全部都釋放。我釋放你自由，你自由了，我也自由了，因為，我已經原諒你了！」

Q：**將感情交託給上主**？

A：**相信自己值得被愛，信任宇宙會照顧你的感情。**

真理，很簡單。

但，你不一定會被說服。

這個問題的答案，就是一個簡單的真理——

相信自己值得被愛，信任宇宙會照顧你的感情。

這裡的「上主」，你也可以將祂稱為——

上帝、佛祖、阿拉、宇宙、天使、指導靈、玉皇大帝，或其他任何你喜愛的稱呼。你要是想稱祂為「米老鼠」、「小丸子」、「蝙蝠俠」、「超人」也行！

本書第三部〈挑戰〉裡〈何謂相信、信任？〉一文，已經分享自潛意識深處相信及信任的撇步。在這裡，我再來分享一個看似心靈，其實十分人性的小工具。

1. 請拿出紙筆，並用手機或鬧鐘設定二十分鐘後，鬧鈴將自動響起。
2. 將自己不願相信、無法信任的過往傷痛，化成文字書寫出來。
3. 請用以下的句型：在何時，發生何事，誰說了什麼、做了什麼，讓我有什麼想法，讓我有什麼情緒。
4. 想到什麼，就寫什麼，不用在乎修辭或結構。
5. 請寫滿二十分鐘，不管在意識上，你記得幾件往事。
6. 請盡量回想，只要意念在這裡，潛意識裡的記憶，就會被啟動，來幫助你釋放情緒。即使，你在意識上一點都記不得。
7. 二十分鐘完成後，請大聲朗誦內容，再將它燒掉。
8. 請天使或「上面」協助你，你可以說：「我已經準備好面對讓我不相信、不信任的往事，請幫我釋放所有相關記憶及情緒。請以最適合我的形式、方法來幫助我。」提醒你，這些回憶，很有可能會出現在你的夢境中，或是靜心的空間裡。
9. 每當有不相信、不信任的感覺——其實就是恐懼——出現時，請「允許出現」、「願意感受」。

10. 對自己不相信、不信任的習性，溫柔一點；對自己試著改變的過程，耐心一點。

11. 碰到想不到解決方案的感情狀況，請將它臣服於「上面」，交託給更大的智慧來經手。結果往往是，你會在個人能量流動自在時，突然得到天啟，輕輕鬆鬆就走出困境。你應該可以想像：這，能建立你「相信及信任」的信心，慢慢將自己交給經驗法則吧！

Q：**埋怨對方，就是背叛自己**？

A：是的！就是！絕·對·是!!

「埋怨對方，就是背叛自己！」

以下，是我由個人感情經驗，所參透出來的心靈經驗——

當真正明瞭，你愛的方式或對愛的概念，一直以來都在有聲或無聲、有形或無形的「討愛」，背後藏匿著包裝過的不安及恐懼。唯有在那一刻，你，才能真正醒覺：對方為何會躲或閃，或做不出、給不起承諾？你，也終將了悟：自己為何老是受傷，總得不到想要的愛？

因為沒得到預期的、渴望的愛，而引起失望、不滿、委屈、傷心、憤恨、發怒，這些由「討愛不成」而來的負面情緒。這，很正常，只要是人類，都會有的普遍反應。和你一樣，過去的我也老是將手指指向對方，埋怨咒罵對方拋棄、背叛、未能善待我；然後，對象一個再換一個。在感情的世界裡，讓人心痛煩惱的受傷主題，卻像是被詛咒了似的，都大同小異。

真的，是他們拋棄、背叛、未能善待我嗎？

真的，是這樣嗎？

我，有個很痛、很深刻，卻向宇宙大愛靠近的心靈體會——

拋棄、背叛、未能善待我們的，其實是我們自己！

我們，每分每秒都在對別人示範：如何拋棄、背叛、不善待我們自己。你也許要大喊冤枉，極力否認。但是，仔細想想，對方只不過是觸動了我們來自「內心小孩」的陳年傷口。在靈魂層次上，對方甚至一定會按照劇本這樣演出，因為，他們是來協助我們喚醒自我價值，記得我們值得被愛，再進一步想起：我們都是宇宙用愛創造出來的，我們本身，就是愛和光啊！

因此，每一次被「虧待」，負面情緒自然出現時，就是內心小孩哭喊著告訴我們：「我需要愛！」事實上，我們的每一個負面情緒，都是在大聲提醒我們，可以向內在、向過去探射光輝。透過感受每一個負面情緒，我們不但得到釋放及療癒，更對自己展現「無條件的愛」。當然，這也在對別人示範，如何好好愛我們、在乎我們、傾聽我們、理解我們。如果，在感到受傷委屈時，自己都不願探向內心，給內心小孩同理、傾聽、理解與在乎，還有誰會這樣對我們呢？難怪，我們總是遇見不同理、不傾聽、不理解與不在乎我們的人。

明明是自己能量同頻共振的結果，卻埋怨老天爺不公平，或運氣太背。如何改變這樣的信念，與幸福感情輕易共振呢？

很簡單，請記得一件事——

每當我們感到受傷，用手指指向別人，責怪對方不是的那一瞬間，我們就無情冷酷的拋棄、背叛、虧待了自己。

請將手指收回來，變成展開的手掌，輕輕按在自己的心，先對自己展現同理心，表示在乎、關心、願意理解。

至於，如何展現同理心呢？

在這裡，我只簡單分享「四句箴言」這一招——

請溫柔慈愛的跟自己說：「你這樣是OK的，是正常的，我接受你，我愛你！」

反覆多說幾次，同時，讓自己打開心，充分感受及擁抱當下的負面情緒。

當然，你也可以繼續使用「允許出現」、「願意感受」。這個基本功，和展現同理心，有著異曲同工之妙。你不妨都試試，看看你最愛哪一招！或者，在不同時候，輪流交替運用，也能有意想不到的感受喔！

Q：擔心沒有魅力又想談戀愛，該怎麼辦？

A：說實話，你真正要擔心的，是「你擔心」的能量，而不是有沒有魅力這個信念。

擔心，是一種能量；與恐懼、害怕，同為一掛。擔心自己沒有魅力，其實就是對自己不滿意，無論你不滿意的是外在的長相，或內在的涵養。換句話講，就是骨子裡覺得自己不夠好，挑剔自己不夠完美。當然，也極有可能在潛意識很深的地方，你覺得自己不值得愛，也不值得幸福！

有沒想過，大美女林志玲很有可能也跟你一樣，覺得自己哪裡不夠好？超級帥哥金城武也有可能，覺得自己哪裡不夠完美嗎？只要是人，或多或少，都對自己哪裡不滿意，希望可以再怎麼樣一點，就能接近完美無瑕了。

但是，完美的標準在哪裡？正如有沒有魅力一樣，是誰設下的標準？

有沒有魅力，是一種信念。我們對魅力的定義，通常藉由學習及經驗而來，是絕對可以更改的。就算不用修改這個信念，還是有某些人會被這樣的你吸引。這個看似屬於〈祈求〉部的問題，之所以放在〈心靈〉這部，是因為背後有很深的心靈意味，等著我們來揭露。

來！分享一個新時代學說中，極為普遍的一種說法。我個人認為，它是宇宙的真理。我們人的一生，會遇見什麼樣的伴侶，或遇不到什麼樣的伴侶，都在靈魂出生前，就由我們自己的靈魂精心設計好了，有人稱這個設計為「靈魂生前計畫」。美國心理醫師麥可．紐頓（Michael Newton）所著《靈魂的旅程》（*Journey of Souls*），以及催眠療癒師羅伯特．舒華茲（Robert Schwartz）的《靈魂出生前的計畫：你與生命最勇敢的約定》（*Your Soul's Gift: The Healing Power of the Life You Planned Before You Were Born*）都有很清楚的說明。

假設，你的靈魂想在今生體驗「沒有魅力」的感覺，再藉由種種考驗，突破這限制性的信念，找到自己真正的價值，與幸福感情共振。那麼，你的靈魂很有可能在投胎前，就先選好一個集體意識認為「沒有魅力」的肉身，甚至還有可能早就選好，從小會讓你覺得自己不夠好的父母，養成你認為「自己不夠好」、「不值得被愛」的信念。

接著，你的靈魂會帶領你，找到Mophael寫的這本書，接觸到基督意識「無條件接納自己的黑暗面」的概念，學會「允許出現」、「願意感受」的基本功，藉以釋放多年下來——甚至多生轉世以來的恐懼與不安，發現自己獨特的光芒，用來照見只有自己才有的美麗、勇氣，以及誰也奪不走的——愛！

你，願意給自己一個機會，將你從「自己宣判自己沒有魅力」的無期徒刑中，釋放出來嗎？

方法很簡單，就是在察覺認為自己沒有魅力的那個瞬間——

1. 提醒自己允許所有相關的負面念頭出現，找到對應的負面情緒——無論是恐懼、卑微、悲傷、憤怒。
2. 溫暖慈愛的敞開你的心輪（胸口），用心（非用腦）去感受、擁抱那些情緒。
3. 不要想趕跑或改變那些情緒，就只要靜靜的感受它們
4. 過程之中，若有其他想法跑出來——就算是正面陽光的念頭，也都跟它們說：

「你們都出來吧！」

這時候出現的念頭，通常不是真智慧，而是「人我」教唆迴避情緒的技倆。等情緒自然平緩後，自己出現的——並非刻意分析、用力判斷而來的靈感，才是

愛和光的智慧，能用來當做行動的最高指導原則。

5. 再回去，找到相關的負面情緒，好好的感受及擁抱它。

6. 沒多久，負面情緒會自然消失。這，是必然的結果。

7. 若負面情緒還在，也維持一段時間，你可以再跟它說：「你想待多久都沒關係，我都會在這裡陪你。」說著，繼續感受及擁抱它。

8. 假設負面情緒不肯離開，而你想停止這個練習，當然可以。也請你允許自己有這樣的現象，有意識的讓情緒繼續停留。

9. 等想回去感受時，再允許及感受，即可。

10. 請對自己有耐心一點，也對自己溫柔一點。信念的形成，一定是日積月累、根深柢固，會需要一點時間釋放及修改。

有沒有注意到，在這一次的「允許出現」、「願意感受」，我多加了幾個要點？可以說是操作這兩個步驟的變化題，或進階版。除了針對陳年的恐懼之外，也適用於感受、擁抱其他所有的負面情緒。請自行彈性運用。

請特別注意第四和第八個步驟，不妨劃重點、打星號，並提醒自己千萬記得！

擔心沒有魅力又想談戀愛，該怎麼辦？

說實話，你真正要「擔心」的，是你「擔心」的能量，而不是有沒有魅力這個信念。對不起，請容許我修正——你真正要「察覺」的，是你「擔心」的能量，而不是有沒有魅力這個信念。

擔心，是一種能量，與恐懼、害怕同為一掛。

你，一定有過「惡夢成真」的經驗——你最擔心害怕的事，最後終於成為現實？為什麼？因為同頻共振的原理。再說，你的擔心，就算不寫在臉上，也清楚的記錄在你的能量場裡，只要是人（也包括動物），都可以藉由右腦，輕易且清楚的感應到，即便意識上不知道。

所以啊！**你覺得讓你談不成戀愛的，與其說是沒有魅力這個「事實」，說真的，其實是你長久以來擔心、害怕的習慣喔！**

註：我認為「傷害」你的人，包括——父母、配偶、朋友，其實都是你的靈魂伴侶，在你靈魂的

請求之下，「含淚反串」扮演「反派人物」，在肉身裡忽略你、拒絕你、打擊你，甚至背叛你，為的是協助你從無愛的黑暗及恐懼裡，一次又一次的回到愛與光裡。這神聖的生前協定，透靈出靈魂無私的大愛，引導我們學習將真愛的概念與經驗結合，讓靈魂進化得更有深度，也更具創造力！

Q：男人不壞，女人不愛？女人不乖，男人不娶？

A：這，是集體意識所貼的特大標籤，訴說著兩性戰爭的悠久歷史！

好，首先請讓我試著來定義一下所謂的「男人的壞」——應該是有點壞，又不是太壞，讓女人愛得不輕鬆、不簡單，也許有點不清不楚、撲朔迷離，這些壞男人甚至不想專一、無法承諾，讓女人想抓又不住，控制也控制不了。我想，這裡的「壞」，若說並不包括「殺人放火」、「凌虐施暴」，應該是公平的吧！

那麼，這樣的男人，有點壞又不是太壞，某些女人為什麼愛？

請注意，我說的是「某些」女人，而不是大多數女人，更不是所有女人。

從「人我」意識的層次來說，這特定的「某些女人」，應該有「對痛苦上癮」的傾向——愛得越不清楚，越感到難以放手；愛得越痛苦，越覺得不可自拔。進入潛意識的層面來談，她們應該有低自尊、低價值的問題；即便她們在理智上清楚自己值得更好的男人，或更好的對待方式，但潛意識裡，就是忍不住被這種壞男人吸引，就像是愛情防護罩的罩門大開一樣。為什麼？因為在原生家庭裡，她們就是這樣被對待的，有些心理學家甚至認為，這些女人習慣將傷害當做愛，以為痛苦就是愛。

從靈性成長的角度來看，這跟文字記載以前的人類遠古歷史有關。那個女性掌握優勢的母系社會中，女性以超自然的力量控制了男性，甚至將男性視為繁衍後代的生殖機器。基督意識的核心靈魂「約書亞」就曾經解釋，我們現在所知道的歷史，男性壓迫女性、對待女性如家產的現象，其實是要平衡之前女性控制男性的能量。它，是人類進化極為自然且必要的過程。

簡單的講，就是陽性能量及陰性能量的平衡。

因為這段陪著地球走過的路，今生選擇當女人的靈魂，在記憶深處，對過去因為濫用權力、超能力迫害男性，懷有排山倒海、無可抑止的罪惡感。為了平衡、釋放這罪惡感，她們今生換個角度，選擇體驗被控制、受壓抑的能量。表面上看起來，似乎是為了業力的平衡，其實還有更深遠、更寬容的意涵在內——那就是，療癒加害者的罪疚感，以及轉化受害者的憤怒，使得地球的整體意識，能夠順利揚升到自由、祥和、平衡、無懼的「心的意識」——也就是「基督意識」。

所以，即便我們的人腦很難理解——不要說理解了，就連想像，大概都想像不到吧?!**這群選擇體驗「低自尊」、「低價值」的靈魂們，表面看來像得了對痛苦上癮的心病，其實，祂們心量大得不得了，正用祂們的方式展現靈魂大愛——平衡陰陽能量，為的是療癒人性，協助你我揚升呢！**

這，也就是為什麼，我一開始就說，這個問題，又是集體意識所貼的特大標籤。

至於，女人不乖，男人不娶？

說穿了，不過就是男性集體意識想要掌控女性的慾望。從靈魂進化的觀點來看，只要明白之前男性受到女性宰制的過去，就不難用更大、更高的角度，來看待這人類進化的必經過程。男性之所以是加害者，是因為過去體驗過受害者。這看來冤冤相報的設計，其實有極為神聖的意義，也就是為了療癒人性、揚升地球的而歷經的能量平衡。

「男人不壞，女人不愛！」

「女人不乖，男人不娶！」

雖然，都是集體意識貼下的特大標籤，

但是，它們的功能，不只是讓我們用力撕掉而已。

我相信，除了約書亞，也包括整個宇宙，要我們從「某些人」的這兩個信念中，想起男人與女人延續幾萬年的戰爭，以及它背後所蘊藏的神聖秩序。它，不但能幫助我們療癒男人與女人的傷痛，也將我們的「人我」意識不斷擴張，帶著我們發現靈魂的晶燦光亮，擁抱並照射人性的黑暗面，將所有迷失的、受傷的內心小孩帶回有如天界溫暖自在的老家——就在人間，就是現在！

註：如果想多了解男性與女性戰爭，請參考潘蜜拉·克里伯（Pamela Kribbe）的《靈性煉金術：

激勵人心的約書亞靈訊》（*The Jeshua Channelings*）。

Q：用性換取愛？用性控制愛？

A：性，是表達愛的一種方式，人們卻常用它來換取愛、控制愛。

當性與愛的能量對齊時，性，不但滿足喜悅宛若置身天堂，更能喚醒靈魂自我療癒的天然力量。那，不但是肉身與靈魂平衡的極致境界，更是天堂與人間的橋樑。

於是，有人說：「偉大的性，是情感的星光。」

我個人甚至認為，反過來講，嘛也通：「偉大的感情，是性的星光。」

然而，好幾萬年以來，人類男性與女性的戰爭不斷，伴隨著大地之母的自然進化，性，不單脫離了愛，更遠離了靈魂的天性，變成了一種換取愛的工具，甚至——控制愛的手段。

什麼是「用性換取愛」？

簡單的講，就是想要愛的時候，選擇發生性關係。

比如，也許你感到寂寞空虛，想找個人聊聊，也許得到某種撫慰，在當下，你真正最想要的是「被傾聽、被在乎、被理解」。然而，你的男友在當下無法傾聽你的需求，也無力表現出有多在乎你。你不願感受那孤單落寞的情緒，就挑逗男友與你發生性關係。對男同志而言，最常發生的「用性換取愛」，便是懷著空洞孤寂的心情，進出輕易取得性的場所，像是三溫暖、公園等。

特別強調，我只是點出一些常看到、常聽見的實例，並沒有批評論斷的意思。事實上，以上「用性換取愛」的行為，我個人也都做過，而且，不止一次，就和大多數人一樣。透過這個問題，將焦點帶到這裡來，只是想點亮你的意識之光，也許引導你觀察一下，自己帶著什麼動機從事性行為。有沒有可能，在當下，你真正想要的是愛，而不是性？又，以這樣的振動頻率發生性關係，得到的，是被愛的感覺嗎？還是，和我的經驗一樣，只換來更深、更暗的百年孤寂？

不貼標籤，只是察覺！希望你，也這樣看待自己——即便你曾經、正在、或即將以

性換取愛。

什麼又是「以性控制愛」呢？

最直白的定義，就是：「你要是不給愛，我就不給你性。」

坦白講，我也幹過這事。

幾年前，我被迫從舊金山搬回溫哥華，交往不到三個月的感情因而生變。親密關係拉開了長長的距離之後，我的交往對象表示，仍想與保我持「友好」的關係，換句話說，他希望分開時保持他的「自由之身」，計畫來溫哥華探訪時，則繼續希望能有親密行為。對我而言，這是卡在「戀人」與「朋友」之間的灰色地帶，內心深處的不安全感，很容易就會被撩撥起來，而最終釀成災害。

當他告訴我，他已經和其他男子發生性關係時，我深深受到打擊，就連他主動表示要來探望的好意，都斷然拒絕。當時我氣急敗壞的說：「你若是將我當成朋友的話，我是不會和你發生性關係的。如果，你來看我的時候，期待我和你做愛，那你還是別來吧！」

後來，我就這樣和他斷了聯繫。

倍感傷痛的我，開始接受催眠療癒，卻沒想到，在深度催眠之中，我的指導靈卻點出我「以性控制愛」的迷思。

「你想想，你是不是因為得不到『愛』，於是，不願給他『性』？你是不是跟他說：『要當朋友，可以。但是，我沒辦法再跟你發生性關係！』這說明了什麼呢？」

是啦！「從戀人變朋友」，就是我得不到想要的愛情；「沒辦法再跟朋友發生性關係」，就是我不願給他性。這就是赤裸的真相——因為得不到他的愛，就不給他性。只不過，是被我美麗的包裝在——不和朋友發生關係的大道理之下。當然，我抵死不想承認。

「這樣，不就是『利用性』，來控制『愛』？這樣，不也就是『把性當成工具』，為的是想得到『愛』？」

你，是不是也有類似的經驗，是不是也在無意識的狀態下，「不小心」以性控制了愛？

一樣，不貼標籤，只是察覺！希望你，也這樣看待自己——即便你曾經、正在或即將以性控制愛。

其實，**用性換取愛也好，以性控制愛也罷，背後深層的傷痛情緒，都是恐懼與不安**——對在愛情中的人來說，是害怕失去愛；就祈求愛情的人而言，是恐懼得不到愛。倘若，這換取來的、控制下的，並不是你真正想要的愛情，那麼，當你察覺自己即將「故技重施」時，或許可以做出不同的選擇。說真的，不管是換取或控制而來的，那都不是真愛，而是「討愛」及「假愛之名」。

若想與真愛同頻共振，最佳的選擇是「允許出現」、「願意感受」。為什麼？因為藉由接納自己的負面作為及感受，恐懼不安自然會得到釋放，你愛的能量必然會提高，高到想不和幸福感情共振，也很難喔！

這，你早就會背了，是吧！

（有沒注意到，**Mophael**已為你豎起雙手大拇指了？）

Q：我和他，功課做完了嗎？

A：答案，就在你的身體裡。

這個問題，看起來十分靈性，彷彿極度願意配合靈魂學習，是吧？

Oh, no no no！

很抱歉！我必須老實的告訴你——嗯，好吧！——無情的戳破你。

這問題的骨子裡，其實散發出來的能量是——

（咳咳！）

執著與不耐煩！

它，無聲且用力問的是：

「功課做完了，然後呢？我們就可以修成正果了嗎？」

再不然，也是迫不及待的問：

「功課怎麼做都做不完，我和他何時才能到下一個階段去？」

要不要猜猜看，這所謂「修成正果」及「下一個階段」，是指分手嗎？成為好麻吉嗎？還是……？

我聽到你點頭的巨響了！

甘心承認了吧？

喔！我是說——

電燈泡亮了吧？嘻嘻！

執著、或不耐煩，沒什麼不對！不過就是反映你現在此時的狀態！只有你誠實的看到、承認它的本質，才能真正從中間學到靈魂設計的「功課」。

因此，我首先建議你，在問、或想問這個問題的當下，請即刻閉起眼睛，深呼吸至少十次，同時允許全身放輕鬆，尤其是你的脖子、背部及腹部。接著，想像你將心輪敞開，用你的心（不是你的腦）感受一下，此刻的情緒是什麼？在感受情緒的同時，不妨將這個問題重複唸出聲三次，然後，再用你的心感應一下，在身體上，是不是有哪些部位出現不適？像是——痠、脹、痛、麻、緊、涼……

如果，你的心真正打開來感受，不管感受到的是情緒或身體反應，應該都讓你覺得不太舒服，對吧？這，是你的靈魂在建議你，回到本書第五部〈心靈：放下執著？〉

去複習，然後，再跟著文末的建議，找出第三部〈挑戰：何謂相信、信任？〉，再跟著操作那些練習囉！

天啊！好像在玩尋寶遊戲，有沒有？

事實上，若真能像個孩子，抱著玩遊戲的心態去練習，效果，會最棒喲！

註：靈性，就是關於靈性成長的一切。靈性成長，就是靈魂成長，對我個人而言，也就是心靈成長，只是它以靈魂的角度為主導，而非以人腦的思考為依歸。

Q：讓靈魂主導愛情？

A：喚醒心靈的力量，你就會記得：你，是靈魂。靈魂，才是人生的主人！

在正式回答這個問題之前，先來說說——

「為什麼，要讓靈魂來主導愛情，甚至——整個人生？」

我猜想，聰明又眼尖的你，早已發現在本書不同的幾個篇章裡，我已經「悄悄」用各種方式、不同角度，來提醒世人一個真相——

你，是靈魂。

當然！也是人啦！

只不過，真正的你，和你以為的你，有很大的不同。

和我以及全體人類一樣，你這一個整體，包括了「靈魂」和「人我」兩個意識。

也許，和過去的我一樣，你真心認為，你腦子裡的那個聲音——也就是「人我」，是你全部的意識，主宰著人生所有的面向。然而，事實與真相是：你的「靈魂」，才是你人生真正的主人；由祂來引導你的「人我」，共同攜手合作，完成投胎進入肉身前，精心設計好的感情與人生其他的功課。

過去，也許你不知道這個真相，總習慣聽信「人我」意識之言，才在感情的挑戰中，撞得頭破血流，卻找不到出路，簡直就像困獸之鬥！因為，你的靈魂老是被你晾在背景裡，不管祂如何大聲提點你，你怎麼都聽不到祂的智慧，也看不到祂熱烈輻射的光輝。

現在，是讓祂站到前景來的時候了。

有人喜歡說，就讓祂從睡夢中，悠悠醒轉過來。這，就是靈魂甦醒！至於，**如何讓靈魂醒過來呢？耶穌的靈魂「約書亞」說得最好，那就是——接納以及愛自己的黑暗面。**

正因為如此，我才會從本書開頭第一部起，就開始「偷偷的」轉譯，這個來自基督意識的愛和光，協助你在潛移默化之中，讓沉睡已久的靈魂甦醒過來。帶著你重新走回光裡，閃亮展現靈魂的智慧與慈悲，讓自以為孤立無援許久的你，以輕盈優雅的姿態，振翅滑翔在愛情的天空裡，踏上耀眼繽紛的幸福彩虹。

靈魂醒了，就不會再沉睡。

只要你願意與祂培養默契，並且緊密合作，你的愛情與人生，就自然而然順流而下，不用刻意做些什麼，就能被喜悅、自由、創意、勇氣給填滿。

怎麼與祂培養默契、緊密合作呢？

1. 靜下腦，敞開心

靈魂和你溝通的方式，不是靠語言，更不是透過想法。祂，會透過你的「心」，以「感覺」——更精準的講——是「直覺」與「身體的感覺」，與你連結、交談。所以，你必須讓腦子裡的想法靜下來，同時將心輪寬闊的敞開來，才能接收方寸之間所傳遞出來的直覺。

有沒有注意到？本書經常帶著你閉上雙眼，從調整呼吸開始，讓頭腦——就是「人我」靜下來，再將心輪打開，透過自己的內心，去感受情緒及身體反應。這，其實就是在帶領你「靜下腦，敞開心」，傾聽靈魂想要告訴你的珍貴訊息。

2. 將困難及疑惑，臣服於靈魂

你的靈魂極度有智慧，又直接參與你今生感情功課的設計，很清楚的知道如何帶著你「悠遊闖關」，找到幸福感情的美麗瑰寶。因此，當你碰到困難及疑惑之際，請不要跟著你腦海裡翻攪萬千的念頭亂跑，以為自己正在努力尋找解決方案。其實，你當下的能量很不穩定，被「人我」的恐懼附了身，分析或決策的能力失常，不適合做任何決定。

請將困難及疑惑，放心交給靈魂，祂會知道該如何做的。

你只要允許負面想法出現，願意感受、擁抱負面情緒，即可。大多時候，出現在我們生活中的負面經驗，不是靈魂為了「體驗非愛」，就是為了「釋放傷痛」，兩者都是為了讓愛由「平面的概念」，變成「立體的經驗」。

3. 開心過日子，像孩子一樣

做讓自己真正開心的事，追隨內心深處的熱情，放下所謂「該做的事」，也丟掉所謂「正確的事」。像個天真爛漫的孩子一般，盡情徜徉在自然原野之間，自由奔跑在陽光下、大海邊。另外，也記得誠實表達內心最真誠的感受，擁抱與生俱來的天賦才能，讓力量與虛弱同時裸奔。只要釋放內心小孩自由，就能讓你的靈魂燦爛綻放，有如美麗動人的花朵。

你的靈魂希望你開心，也希望你得到幸福。做讓自己開心的事，就是自由自在過日子。你給自己的束縛越少，你的靈魂就越自由。你的靈魂越自由，就越能發揮潛力，那麼，你的生命就越豐盛，愛情自然就越幸福！

Spiritual Life 07R

頻率對了，愛情不請自來！

提升愛情能量的62個心靈處方

作者 ——— 李天民（Mophael）
內頁排版 ——— 黃雅藍
美術設計 ——— 江孟達
內文校對 ——— 簡淑媛、黃妏俐、李天民
特約編輯 ——— 簡淑媛

新星球出版 New Planet Books
業務發行 ——— 王綬晨、邱紹溢、劉文雅
行銷企劃 ——— 陳詩婷
總編輯 ——— 蘇拾平
發行人 ——— 蘇拾平
出版 ——— 新星球出版
231030 新北市新店區北新路三段207-3號5樓
電話／(02) 8913-1005　傳真／(02) 8913-1056
發行 ——— 大雁出版基地
231030 新北市新店區北新路三段207-3號5樓
電話／02) 8913-1005
讀者服務信箱Email／andbooks@andbooks.com.tw
劃撥帳號／19983379　戶名／大雁文化事業股份有限公司

二版一刷 2024年4月
定價／360元
ISBN ——— 978-626-97446-9-5

國家圖書館出版品預行編目資料

頻率對了，愛情不請自來！——
提升愛情能量的62個心靈處方 / 李天民作. --
二版. -- 新北市：新星球出版：大雁出版基地發行
2024. 04
面； 公分. -- (Spiritual life)
ISBN 978-626-97446-9-5（平裝）
1. CST：戀愛　2. CST：兩性關係
544.37　113003966